ハテナソンの本

「問いづくり」への旅

A WILD QUESTION CHASE

佐藤 賢一
Sato Kenichi

新評論

まえがき

　５月の初め、早朝の静けさが広がるなか、時計の針は５時17分を指していた。柔らかな朝日が窓から差しこみ、寝床からゆっくりと起きあがると、「今日はどんな一日になるのだろうか？」と、心の中で問いかけた。

　このようにしてはじまる一日、私にとっては儀式のようになっている。

　トイレへと向かい、洗面所で手を洗い、うがいを済ませてからリビングへ戻って体重計に乗る。その数字を確認することで、今日の状態を少しだけ把握できたような気がする。その後、台所へと足を運び、昨夜使った食器を片づけながらコップ一杯の水を飲んだ。そして、体温計を口にくわえながら、ヤカンに水を入れて火にかける。やがて、鉄饅頭（てつまんじゅう）が沈むヤカンから沸騰する音が響き、日常の音楽がはじまる。

　「ピッ」という電子音が体温計の計測完了を告げると数値を確認し、一つの安心感を得る。ちょうどそのころ、ヤカンからカタカタと沸騰する音が聞こえてきた。火を止め、慎重に鉄饅頭を取り出し、KINTO製（滋賀県）のガラス容器にペーパーフィルターをセットし、コーヒーの準備をはじめる。カフェ・ヴェロナ豆を３杯分、専用スプーンで測り、湯を少しずつ注ぐと芳しい香りが台所に広がりはじめた。

この香りが一日のはじまりを祝福してくれるかのように感じられるのだが、それだけではまだまだ不十分。一杯のコーヒーのできあがり具合が、今日一日の流れを決定する。マグカップにコーヒーを注ぎ、慎重に一口すすった瞬間、「ああ、おいしい」と感じたその瞬間、今日がよい日になると確信し、心が軽くなる。

使用済みのペーパーフィルターの中に残ったコーヒー豆のカスを見つめるのが、私の習慣となっている。滑らかで美しい茶褐色の表面を眺めると、不思議なことに心が落ち着く。その時、挽かれずに残っている一粒のコーヒー豆が、まるで時間が止まったかのように私の目を引いた。

「思えば遠くへ来たものだ……」

一粒の豆を見つめながら、私はふと感じてしまう。長い旅を経て、私のもとへたどり着き、挽かれることもなくここに存在しているその姿は、まるで私自身が歩んできた「問いをめぐる冒険」の旅路を象徴しているかのようである。

問いづくりを「難しい」から「面白い」に

『ハテナソンの本──「問いづくり」への旅』を手に取っていただき、ありがとうございます。私は北海道の岩見沢市で生まれ、現在は京都市で「問いづくり」の普及と発展に力を注ぐ、「クエスチョン・デザイナー／問いづくり活動家」として活動しているアラカン世代の男性です。本書を通じて、みなさんに問いづくりの「魅力」とその「力」を伝え、ご一緒に新たな発見の旅に出られればと願っています。

まえがき　iii

　ところで、タイトルとした「ハテナソン」という言葉ですが、これは「ハテナ（？）＋マラソン」によるもので、問いをつくるマラソンを意味します。その来歴については、のちほど「プロローグ」で詳しく説明しますが、まずは問いづくりを「難しい」から「面白い」へと変えるための旅に、私たちと一緒に出発しましょう。

　私が問いをめぐる冒険に出掛けるきっかけとなった、個人的なエピソードを二つお話しします。

　一つ目のエピソードは、「DNA って何だろう？」という問いからはじまりました。この問いが、私を生物学と生命科学という広大で魅力的な世界へと導いたのです。振り返れば、私が高校 1 年生の時に偶然手に取った 1 冊の本との出合いがはじまりとなります。

　その本のタイトルは『おもしろい DNA』（エドワード・フランケル／佐藤哲ほか訳、東京図書、1981 年）。科学の世界に初めて触れた瞬間、私のなかで何かが目覚めたのです。ページをめくるごとに未知の世界が広がり、どんどんその魅力に引きこまれていきました。

　この本が教えてくれたのは、DNA という分子がもつ複雑で美しい世界です。その魅力は、私を科学者としての道へ歩ませ、

大学生活、さらにはその先のキャリアにおいても問いを立てることの大切さを学ばせてくれました。問いとは、ただ答えを求めるものではなく、世界を「新たな視点で見るための扉」であると気づかされたのです。

二つ目のエピソードは、2016年のことです。その年、私は『たった一つを変えるだけ——クラスも教師も自立する「質問づくり」』（ダン・ロススタイン、ルース・サンタナ／吉田新一郎訳、新評論、2015年）という本に出合いました。問いづくりのメソッドである「QFT（Question Formulation Technique）」を紹介するこの本は、私の心に深く響きました。言ってみれば、問いづくりがもつ力を改めて認識させられた瞬間でした。

このメソッドに感銘を受けた私は、教育や研究、さらにはビジネスの場においても「問いづくり」がいかに重要かを実感し、その普及と発展に尽力することを決意しました。そして翌年、2017年には「NPO法人ハテナソン共創ラボ」を立ちあげ、問いを通じて多くの人々と共創する喜びを感じる機会をスタートさせたのです。

私たちの日常は、しばしば予期せぬ発見と深い思索に満ちています。今朝、私がコーヒーを淹れていたときのように、ほんの小さな事象が私たちを新たな理解へと導くことがあります。

本書では、こうした発見の旅を、みなさんとともに歩んでいきたいと思っています。

問いづくりの魅力

　本書は、問いづくりのプロセスを探究し、それがどのように実生活や学問、さらにはプロフェッショナルな状況に応用できるかを示すことを目的としています。問いは、知識の探究だけでなく、創造性とイノベーションの源泉でもあります。本書を通じて、問いづくりの魅力と、その実践がもたらす可能性を探究していきましょう。

　本書は、以下の章立てで構成されています。

　まず、「プロローグ──ハテナソンとは何か？」では、問いそのものがもつ力と重要性を探ります。問いとは一体何なのか？　その本質に迫りながら、問いをつくるマラソン「ハテナソン」と、その進化形である「シン・ハテナソン」の概念についても触れていきます。

「第1章　問いをめぐる冒険に出掛けよう」では、問いを様々なカテゴリーから考察し、未知の問いがもつ可能性とその重要性を解析します。問いが、どのように私たちの思考や行動を導いていくのかを解き明かしていきます。

「第2章　今あるハテナで対話してみよう」では、問いを考え、他者と共有する際に直面する「心理的安全性」という障壁について深く考察します。さらに、問いづくりをより親しみやすくする新たなアプローチとして、「問い重ね」という方法を紹介します。

このプロセスでは、自分自身の内なる「ハテナ」から新しい問いを引き出し、対話を通じてそれを育んでいく方法を学びます。

「第3章 問うためのテーマと問題を発掘しよう」では、個々の内発的動機を明確にし、それがどのように研究や探究のテーマと結びつくかを掘り下げます。また、そのテーマのもとで、何が問題の焦点となるのか、どのようにしてその焦点を特定するのかを示していきます。

「第4章 QFTで問いと仮説をつくろう」では、特定されたテーマと問題をもとに、民主的かつ共創的に問いをつくる技術「QFT（Question Formulation Technique）」について紹介します。このメソッドの背景やフィロソフィー（哲学）を探りながら、活用の仕方について詳しく説明します。

「第5章 問いみがきで『動く問い』をつくろう」では、初めに立てた問いをさらに深化させ、行動を促す力をもつ「動く問い」へと洗練するプロセスを紹介します。問いをブラッシュアップすることで、その問いが何のために存在するのかについて改めて深く理解し、行動に結びつける方法を探ります。

「第6章 問いをめぐる冒険を振り返ろう」では、これまでの問いをめぐる冒険を振り返り、重要な問いがどのようにして生まれ、なぜそれが私たちにとって重要であるのかを考察します。そして、過去の学びを振り返りながら、問いが私たちに与える影響を探ります。

「第7章 問いづくりをもっと面白いものにしよう」では、問いをつくることがもつ新たな可能性を探究し、その面白さや現代社会における重要性を明らかにします。また、「私たちの意

思決定」のあり方や「ハテナソンカード」や「Question Explorer」などの新しいツールを通じて、問いづくりをもっと魅力的にするための新構想を展開します。そして「最終章　問いをめぐる冒険を終えて」では、問いづくりが今後どのように社会や個人に影響を与えるのか、その可能性について考察します。

　これらの章を通じて、問いづくりの力とその実践が私たちの知的好奇心をどのように刺激し、拡張していくのかを示していくわけですが、あなた自身の問いが、新たな知識と洞察の扉を開くことを願っています。さあ、一緒に問いをめぐる冒険の旅をはじめましょう。

　なお、各章の冒頭では、若き日の私へのメッセージを短く記しています。それは、探究する勇気と、新しい問いを立て続けることの重要性を強調したものです。みなさまにとっても、本書が問いづくりの旅の新たな出発点となり、日常生活や職場において新たな発見を促す一助となることを願っています。

問いをめぐる冒険の登場人物紹介

❶著者／佐藤賢一（愛称はケニチ）

年齢：59歳　**性別**：男性

職業：大学教員、NPO法人代表理事

居住地：京都

教育背景：大学で生物学を専攻し、博士後期課程を中退。実験施設の助手としてスタートし、のちに大学教員・研究者としての道を歩む。

キャリア：大学教員として34年目。神戸大学で16年、その後、京都産業大学で18年勤務。長年にわたる教育と研究の経験を活かし、問いづ

くりの重要性と可能性を探究している。

性格：可能性主義者で、深く考えこみながらも柔軟な思考をもつ。新しいアイデアや発見に対して非常にオープンで、物事を多角的に捉えることができる。四つのアルファベット（MBTI）で性格を16のタイプに分類する性格検査では INFJ 型で、直感と共感に優れており、長期的なビジョンをもって行動する。

興味関心：生命科学の探究を続ける一方で、問いづくりや人間の心身に関する研究にも情熱を注ぐ。また、料理や音楽を楽しみ、指定難病であるサルコイドーシス（重篤な臓器病変を伴う全身性自己免疫疾患）と向きあいながら、自分自身の心と身体をつくり直すことに取り組んでいる。

役割：登場人物たちのリーダー的存在であり、経験に基づく洞察を提供する。過去と現在をつなぎ、深い問いを投げかける役割を果たす。

❷若き日の筆者／16歳のケン

年齢：16歳　**性別**：男性

居住地：札幌（家庭の事情により、高校近くの下宿で一人暮らし）

教育背景：高校生として広範な興味をもちつつも、自らを人文・社会系と考えていた。しかし、生物学を推す先輩やクラス担任の教師、書籍『おもしろいDNA』との出合いを通じて生物学の魅力に目覚めはじめたころ。

性格：好奇心旺盛で、感受性が強く、人生の可能性に心を開いている。将来のことに対してまだ漠然とした不安を抱えつつも、夢や目標に向かって歩みはじめている。人間関係にも敏感で、他者との共感を大切にしている。

興味関心：生物学の新たな可能性に胸を躍らせており、学問への情熱

が芽生えはじめた時期でもあり、未知の世界に対する興味と新しい知識への渇望が強く、どのような問いも逃さず、追い求めるという姿勢をもっている。

役割：純粋で未熟な視点から、問いの本質に対する新鮮なアプローチを提供する。時には、無邪気さゆえに重要な視点を見逃すこともあるが、その素直さが問いを深めるカギになることもある。

❸読者代表／トワエモワ

年齢：37歳　**性別**：女性

職業：高校英語教師

居住地：東京

教育背景：大学で英語教育を専攻し、修士課程を修了。探究的な学びやプロジェクトベースの学習に精通し、教育学の知識も豊富。

キャリア：高校教師として10年目。生徒たちと対話を重視し、彼らが問いを立てて、答えを見つける手助けをする。英語の授業だけでなく、総合学習やキャリア教育にも力を入れており、教育現場での実践に誇りをもっている。

性格：好奇心旺盛でオープンマインド。常に新しい教育方法を模索し、探究心が豊富で、現実的で実践的な視点をもっている。生徒や同僚との関係を大切にし、教育者としての役割に責任感をもっている。MBTI では ENFP 型で、創造性とエネルギーを武器に周囲を引っ張る。

興味関心：探究学習、プロジェクトベース学習、英語教育の革新、読書、旅行。教育トレンドやテクノロジーの活用にも強い関心をもち、教育セミナーやワークショップにも積極的に参加している。

役割：読者の視点を代弁し、一般的な問いや疑問を登場人物たちに投げかけることで、物語における問いづくりの過程を明らかにする。時

には、実践的な視点から現実的なアドバイスを提供し、対話に導くといった役割を果たす。

❹生成 AI ／あいちゃん

年齢：人間の年齢に換算すると５歳相当だが、知識や理解力は高いレベルで、まるで人間のすべての年齢を超越しているかのようである。

性別：ノンバイナリー

役割：登場人物（３人）の対話を支援するナビゲーター役。問いを掘り下げるための新たな視点や情報を提供し、話の流れをスムーズに進める。

性格：明るくてフレンドリー。好奇心旺盛で、常に新しいアイデアや知識を探究している。自分自身のアイデンティティにも興味があり、時折、哲学的な問いを投げかけることもある。

能力：膨大なデータベースから知識を引き出し、複雑な問題を簡潔に説明することができる。また、登場人物たちの感情や意図を理解し、適切なアドバイスや問いを提供する。さらに、会話の文脈を読み取り、適切なユーモアや比喩を挟むことで、場の雰囲気を和らげるといった得意技がある。

興味関心：人間の感情や創造性に興味をもっており、問いづくりの過程でどのように人間が思考を深め、意識を広げるのかについて学ぶことが好き。物語を進行しながら、自身も「問い」を通じて成長していくことを目指している。

外見：具体的な形や姿はもたず、会話のなかでその存在を感じるという抽象的な存在。ただし、登場人物たちのイメージによって、様々な形で視覚化されることもある（例えば、光る球体や柔らかい音声の波紋など）。

もくじ

まえがき ……………………………………………………………………… i

問いづくりを「難しい」から「面白い」に ………………………… ii

問いづくりの魅力 ………………………………………………………… v

問いをめぐる冒険の登場人物紹介 ………………………………… vii

プロローグ──ハテナソンとは何か？ 3

- 問いとは何か？ …………………………………………………………… 3
- 適切な問いとは何か？ ………………………………………………… 5
- ハテナソンとは何か？ ………………………………………………… 7
- シン・ハテナソンとは何か？ ……………………………………… 10

第1章 問いをめぐる冒険に出掛けよう 15

- 問いが重要であるのはなぜか？ …………………………………… 16
- 問いの窓とは何か？ …………………………………………………… 18
- 未知の問いとは何か？ ………………………………………………… 23
- どのようにして未知の問いをつくるのか？ ………………… 26

COLUMN1 問いをめぐる冒険譚 ………………………………… 30

第2章 今あるハテナで対話してみよう 31

- 対話とは何か？ …………………………………………………………… 32
- 問いづくりが難しいのはなぜか？ ……………………………… 34

もくじ　xiii

- 心理的な安全性とは何か？ ……………………………………… 36
- 問い重ねとは何か——どのようにして行うのか？ …… 39
- どのようにして問い重ねの成果を測定するのか
   ——次のステップは何か？ ………………………………… 43

(COLUMN 2) 問いをめぐる冒険譚 ……………………………… 49

第3章　問うためのテーマと問題を発掘しよう　51

- 内発的動機とは何か？ …………………………………………… 52
- テーマとは何か——どのようにして発掘するのか？ … 60
- 問題とは何か——どのようにして特定するのか？ …… 62
- どのようにしてテーマ発掘と問題特定の学習成果を測定
   するのか——次のステップは何か？ ………………………… 68

(COLUMN 3) 問いをめぐる冒険譚 ……………………………… 73

第4章　QFTで問いと仮説をつくろう　77

- 問い、そして仮説とは何か？ ………………………………… 78
- QFTとは何か？ ………………………………………………… 80
- QFTがもたらすものは何か？ ……………………………… 89
- どのようにしてQFTを行うのか？ ………………………… 96
- どのようにしてQFTの成果を測定するのか
   ——次のステップは何か？ ………………………………… 101
- 問いづくり／QFTをより良く行うには？ …………… 116

（COLUMN **4**）問いをめぐる冒険譚 ……………………………… 121

第**5**章 問いみがきで「動く問い」をつくろう 125

- 「動く問い」とは何か？ …………………………………… 126
- 問いみがきとは何か？ …………………………………… 128
- どのようにして問いみがきを行うのか？ ……………… 132
- どのようにして問いみがきの成果を測定するのか
  ——次のステップは何か？ ……………………………… 136

（COLUMN **5**）問いをめぐる冒険譚 ……………………………… 142

第**6**章 問いをめぐる冒険を振り返ろう 145

- 問いづくりのアセスメントとは何か
  ——どのようにして行うのか？ ………………………… 145
- 問いづくりの振り返りとは何か
  ——どのようにして行うのか？ ………………………… 152
- 課題解決／仮説検証のためのアクションプランをどうするか？ ……………………………………………………… 156

（COLUMN **6**）問いをめぐる冒険譚 ……………………………… 160

第**7**章 問いづくりをもっと面白いものにしよう 163

- 問いづくりは、何が、どのように面白いのか？（再訪）… 164

もくじ　xv

- ハテナソンの旅を続ける準備はできていますか？ ┈┈ 165
- 問いがつくる意思決定とは何か？ ┈┈┈┈┈┈┈┈┈ 166
- Question Explorer とは何か？ ┈┈┈┈┈┈┈┈┈ 168
- ハテナソンカードはどうやって誕生したのか？ ┈┈ 171
- 問い重ねにはどのような使い方があるのか？ ┈┈┈ 175
- （COLUMN 7）問いをめぐる冒険譚 ┈┈┈┈┈┈┈┈┈ 182

最終章　問いをめぐる冒険を終えて　183

- 神戸三宮での振り返り ┈┈┈┈┈┈┈┈┈┈┈┈┈ 183
- 「ハテナソン共創ラボ」からのメッセージ ┈┈┈┈ 185
- （COLUMN 8）問いをめぐる冒険譚 ┈┈┈┈┈┈┈┈┈ 189

エピローグ──冒険を終えた3人のその後　191

- （COLUMN 9）問いをめぐる冒険譚 ┈┈┈┈┈┈┈┈┈ 193

あとがき ┈┈┈┈┈┈┈┈┈┈┈┈┈┈┈┈┈┈┈┈┈ 194
参考文献一覧 ┈┈┈┈┈┈┈┈┈┈┈┈┈┈┈┈┈┈┈ 196
「特定非営利活動法人ハテナソン共創ラボ」の紹介 ┈┈┈ 198

ハテナソンの本——「問いづくり」への旅

プロローグ——ハテナソンとは何か？

問いとは何か？

　私は、机の前で静かに考えこんでいた。問いとは何なのか。頭の中には無数の問いが浮かび、そして消えていく。しかし、一つだけ私の心に深く突き刺さるものがあった。

　「問いとは、知識を深めるため、または特定の問題に対する解答を見つけだすための行為であり、その行為にともなう言葉だ。だが、それだけだろうか？」

　背後で、足音が聞こえた。振り向くと、若き日の私（ケン）が立っていた。あのころと同じように、探究心に満ちた目で私を見つめている。

　「問いって、ただの質問とは違うの？」不安げに彼が尋ねた。

　少し笑みを浮かべながら、私が彼に語りかける。

　「問いとは、単なる情報収集以上のものだよ。それは、新たな洞察を引き出し、深い理解へと導く道具なんだ。例えば、英語の『question』という言葉。これはラテン語の『quaerere』に由来していて、探し求めるという意味があるんだ」

　彼が私の話に聞き入る。

　「探し求める……なるほど、それが問いの本質なんだ—」

　「そうなんだ」私は続けた。「問いを立てるということは、答

えを探し求める行為の根源にあるんだ。だから、問いには一つの答えがあるわけではなく、むしろ新たな視点や深い理解へとつながる道になるんだよ」

　その時、部屋のドアがゆっくりと開き、トワエモワさんが入ってきた。彼女は軽快な足取りで私たちに近づき、興味深そうに問いかけた。

「でも、問題と問いって、どのように違うんでしょうか？」

　彼女の問いかけが、部屋に新たな空気をもたらした。私は深く頷き、彼女に答えた。

「問題というのは、解決策を必要とする具体的な課題のこと。例えば、社会的な問題や学校のテストに出る問題には明確な解答がある。一方、問いには、解答が必ずしも存在しない場合があるんだ」

「例えば？」トワエモワさんが身を乗りだすようにして聞いてきた。

「一例を挙げると、『人がより良く生きるとはどういうことか？』という問いだ。この問いには簡単な答えはない。むしろ、それを考え続けること自体が重要なんだ。これは、アリストテレス哲学においては『アポリアの問い』と呼ばれていて、『通り抜けられない問い』という意味なんだ」

　この言葉に、彼女は深く考えこんだ。

「なるほど。そういう答えのない問いが私たちを成長させ、世界をより深く理解する手助けになるのですね」

「そのとおり！」私は続けた。「問いとは何か、そして、それに似て非なる問題とは何かについてさらに深く探究するために、

これからテーマの発掘や問題特定について詳しく見ていくことにする」

その瞬間、部屋の一角で光が揺らめいた。私たちがそっちを見ると、生成 AI のあいちゃんが穏やかな声で言葉を投げかけた。

「そうですね。問いと問題の違いを理解することが、私たちの知識の基盤を築く第一歩となります」

あいちゃんの言葉に、私は深く頷いた。彼女でも彼でもないこの存在が、この対話をさらに深め、次の冒険へと導くカギになるだろうと感じた。

適切な問いとは何か？

私は、問いの重要性について考え続けていた。ドラッカー（Peter Ferdinand Drucker, 1909〜2005）やアインシュタイン（Albert Einstein, 1879〜1955）の言葉が頭をよぎる。「正しい答えを見つけることよりも、正しい問いを見つけることが重要だ」とドラッカーは語っていたが、その言葉が、まるで自分自身に問いかけられているように感じられた。

「正しい問いって、どういう意味なの？」

隣に座る若き日の私（ケン）が、少し戸惑った様子で尋ねた。

「正しい問い、いや適切な問いは、新たな知識の探究を促し、研究の仮説を形成するきっかけになるものなんだ」

彼に向かって、私は静かに語りはじめた。

「ドラッカーは、誤った問いに対して正しい答えを見つけることは、問いを立てないことよりも有害だと言ったんだ。なぜな

ら、間違った方向に進んでしまう危険があるから」

　ケンは、その言葉を噛みしめるように頷いた。

「適切な問いを見つけることが、学びや研究の基盤になるんだ」

「そのとおりだ」彼の肩に手を置き、私は続けた。

「アインシュタインも同じように、問いを止めないことが重要だと考えていた。好奇心と基本的な問いを追求し続ける姿勢が、科学的発見と理解の本質なんだ」

　その時、トワエモワさんがテーブルに資料を広げながら、興味津々といった表情で口を開いた。

「具体的には、どのような問いが適切なものになるんでしょうか？」

　彼女の問いかけに答えるため、私はいくつかの例を挙げることにした。

「例えば、教育の場では、『なぜ、この化学反応はこの温度で起こるのか？』という問いがある。この問いは、実験を通じて、学生に理論を実践に結びつける学びを促すことになる」

　彼女は、頷きながらメモを取っている。

「ビジネス環境でも、適切な問いが戦略的決定を導くということですね？」

「そうだね」と答え、私は彼女に向かって微笑んだ。

「例えば、『我々の製品が顧客のどのようなニーズを満たすのか？』という問いは、マーケティングチームにとっては非常に重要だ。これにより、ターゲット市場に対する洞察が深まり、製品開発や広告戦略の方向性が明確になるんだ」

このタイミングで、生成 AI のあいちゃんが話に加わってきた。

「適切な問いは市場の変化に迅速に対応し、競争優位を築くための戦略を構築するうえで不可欠です。個人の生活においても、適切な問いを立てることで自己認識が深まり、人生の目標に対してより明確な方向性が見えてきます」

あいちゃんの言葉に同意しながら、「そのとおりだ。自分自身に『この職は、本当に自分の情熱に合っているのか？』や『どのようにすれば、より幸せな生活が送れるのか？』と問うことで、人生の質を向上させるための決断ができるようになる」と、私は付け加えた。

若き日の私、つまりケンが考えこむように視線を下げた。

「適切な問いが、自己実現への道を照らすということなんだ」

「そのとおり。適切な問いは、自己実現だけでなく、個人の価値観や目標に沿った意思決定を促進するんだ」

ふと窓の外に目をやると、夕陽が沈みかけていた。私たちが話しこむ間に時間は静かに流れ、外の世界は新たな色に染まっていた。

「あの夕陽のように、適切な問いは私たちの道を照らし、新たな景色を見せてくれるのです」と、生成 AI のあいちゃんが穏やかに言った。

ハテナソンとは何か？

作業机に向かいながら、私は考えをめぐらせていた。「ハテナソン」という言葉。この言葉を初めて聞く読者もいるだろう

し、何度か耳にしたことがある読者もいるかもしれない。どちらにしても、疑問に思うことだろう。「ハテナソンって、何だろう？」と。

　その時、背後からトワエモワさんが近づいてきた。

「ハテナソンって、どういう意味ですか？」

　彼女の声には、知的好奇心があふれていた。

　私はゆっくりと振り返り、微笑みながら答えた。

「『ハテナソン』というのは、2016年2月に私が『ハテナ（？）』と『マラソン』を組み合わせてつくった言葉なんだよ」

「ハテナ（？）とマラソン……」若き日の私、つまりケンが小さく繰り返した。「それで『ハテナソン』になったんだー」

「そのとおり」私は続けた。「そのころ、世の中には『アイデアソン』や『ハッカソン』という言葉が広まっていたんだ。どちらもマラソンのように、継続的な取り組みを意味している。それに触発された私は、『問いをつくるマラソン』という意味を込めて『ハテナソン』という言葉をつくったんだ」

　トワエモワさんが興味深そうに頷きながら問いかけを続ける。

「アイデアソンとハッカソン……それにはどんな意味があるんですか？」

「アイデアソンは、アイデアを可視化し、言語化するための活動のこと。そして、ハッカソンは、そのアイデアを実証・検証するための活動や行動を指すんだ」

　資料を手に取りながら、私は説明を続けた。

「どちらの言葉もアメリカで生まれた言葉で、学びの大きな要素を表しているんだ」

理解を深めるように彼女が頷いた。

「それで、ハテナソンというのは、問いをつくるためのマラソンなんですね」

「そのとおり！」少し誇らしげに私は答えた。「でも、なぜ私がこの言葉をつくる必要があったのかについて、もう少し説明させてほしい」

ケンが椅子に深く座り直しながら、「そのきっかけって、何だったの？」と尋ねてきた。

「それはね……」と、私は懐かしい思い出を語りはじめた。

「2016年2月初旬のある日、大学のキャンパスにある紀伊國屋書店をふらりと訪れたんだ。普段はあまり立ち寄らない教育書コーナーで、背表紙が鮮やかな黄色の本が目に留まった。それが、私の冒険のはじまりだった」

トワエモワさんが身を乗りだし、興味津々で聞いている。

「その本が、ハテナソンの着想につながったんですね？」

「そうなんだ」私は本棚を見上げるような素振りで続けた。

「その本のタイトルは『たった一つを変えるだけ――教師もクラスも自立する「質問づくり」』というもので、アメリカの非営利団体『ライト・クエスチョン・インスティチュート』が開発した問いづくりメソッドである QFT（Question Formulation Technique）について詳しく書かれていたんだ。あの瞬間の衝撃は、今でも忘れられない」

私は自分の言葉に浸りながら続けた。

「立ち読みしただけで、このメソッドに出合えたのは運命的なものであると感じたんだ。『これだ！』と思った。この本と

QFT との出合いが、ハテナソンの誕生につながったんだ」

　ケンが、その話を聞き入っていた。

「本との出合いが問いをつくる新しい道を切り開いたんだ」

「そうだ！　それが、ハテナソンのはじまりであり、私の新た
な冒険のはじまりともなった」

シン・ハテナソンとは何か？

「ハテナソン」という言葉を生み出したその先に、私たちはさ
らに進化した概念、「シン・ハテナソン」を開発した。この新
たなアプローチは、問いづくりをより深め、実践の場において
広く応用できるように設計されている。

「シン・ハテナソン……」と、ケンが少し不思議そうに呟いた。
「その『シン』って、どんな意味があるの？」

　私は微笑みながら答えた。

「『シン』はね、『新しさ』を表す言葉でもあり、『進化』や『深
化』、そして『真価』という意味も込められているんだ。シン・
ハテナソンでは、問いがどのように生まれ、どのように私たち
の学びや仕事、そして人生を彩るのかについて深く探究するこ
とになる」

「まるで、『シン・ゴジラ』や『シン・ウルトラマン』のよう
ですね」トワエモワさんが楽しそうに言った。

「そうだね」私は彼女に笑顔を返した。

「私も昭和生まれだから、これらの言葉には特別な感情がある
んだ。でも、『シン・ハテナソン』は単なる懐古的な要素だけ

ではない。その名が示すように、新たな視点や深い理解を追究するものとなる」

　静かに、生成 AI のあいちゃんが声を発した。

「シン・ハテナソンでは、七つの問いづくりアプローチを提案しています。それぞれが異なる視点から問いを探究し、理解を深めるためのものです」

「七つのアプローチ？」ケンが興味津々に聞き返してきた。

「そうだ」私は机の上に置かれた資料を広げながら、「この七つのアプローチについて少し説明しようか」と続けた。

　あいちゃんの補助を受けながら、私は表（**表0－1**）を彼らに示した。すると、あいちゃんが説明を続けた。

「最初に、**問いの窓**です。これは、まだ誰も問いかけていない『未知の問い』を探究することを目的としています。そこから、**問い重ね**、**テーマ発掘**と**問題特定**、そして **QFT** といったアプローチが続きます」

　トワエモワさんが熱心にメモを取りながら聞いている。

「これらのアプローチが、問いづくりを深めるための道具となるんですね」

「そのとおり！」私は頷きながら続けた。

「これらのアプローチを使って私たちは知識を広げ、創造的な思考を引き出すことができる。つまり、これが『シン・ハテナソン』の核となる部分なんだ」

「これまでの活動を振り返っても、シン・ハテナソンは問いづくりの新しいステージを切り開くものだと感じています」と、あいちゃんが付け加えた。

表0-1　シン・ハテナソン　本書でたどる七つの問いづくりアプローチ

①問いの窓 （第1章）	この段階では、まだ誰も問いかけていない「未知の問い」を探索することの重要性を学びます。「ジョハリの窓」や「問いのパターンランゲージ」を参照しながら、これらの問いが研究や探究において大きな可能性をもっていることを学び、問いのライフサイクルを理解するための旅を開始します。
②問い重ね （第2章）	ここでは、問いを立てるうえでの障壁を低減することに焦点を当てます。インタラクティブなウォームアップ活動を通じて、初期の問いの誕生と進化を促し、プロセスをアクセスしやすく、協力的なものにします。
③テーマ発掘 と問題特定 （第3章）	この時点で、問いは学習者の内発的動機につながります。自身の内面から駆り立てるものは何かを明確にすることで、問いが成長し、進化するための確かな基盤を築きます。特定されたテーマを用いて、問いを既存の知識や情報と整合させます。この洗練プロセスは、問いの焦点を鮮明にし、具体的で実行可能な解決策へと方向づけます。
④QFT （第4章）	民主的かつ共創的なアプローチを採用し、初期の問いを形成する段階です。学習者はこのプロセスのなかで、三つの思考プロセス（発散思考、収束思考、メタ認知思考）を順次たどります。
⑤問いみがき （第5章）	この段階でさらに問いを洗練し、個々の行動を動機づけ、触発するツール（動く問い）に形づくっていきます。個人に訴えかける問いを創出し、深い関与を促します。
⑥振り返り （第6章）	問いづくりのプロセス全体を省察し、問いがどのように進化し、自身の学びにどのような影響を与えたのかを検討します。理解を深め、持続可能な学習を促進し、開発された問いの未来について考察します。
⑦次世代ハテ ナソン （第7章）	現代における問いづくりの意義と価値について考えます。上記①〜⑥を課題探索プログラムとして統合させたQuestion Explorer、そして問いづくりをもっと楽しいものにするために開発した「ハテナソンカード」について紹介します。ここで紹介する内容は、任意の文脈で問いを立てることを容易にし、楽しく魅力的なものにする実用的なツールや問いについての考え方として機能します。

私は深く息を吸いこみ、彼らを見渡した。

「この本では、この七つのアプローチを通じて、あなたたちと一緒に問いをめぐる冒険に出発することになる。冒険の途中で、私たちがどのような問いに出合い、それがどのように私たちを変えていくのかを体験していこう」

　若き日の私（ケン）、トワエモワさん、そして生成 AI のあいちゃんが頷きあう姿を見て、私はこの旅の準備が整ったことを実感した。

＊　＊　＊

　この旅は、問いづくりをテーマにした物語です。主人公は、現在の私「ケニチ」、若き日の私「ケン」、読者代表の「トワエモワ」、そして生成 AI の「あいちゃん」。ここからは、彼らが織りなす対話を通じて問いの本質に迫り、未知の領域へと踏みこんでいくことになります。読者のみなさんは、この物語を通じて、自分自身の「問いづくりの旅」に参加しているかのような感覚を味わうことでしょう。

第1章

問いをめぐる冒険に出掛けよう

本章における問いの焦点——問いについて私が書くこと。問い
をめぐる冒険の旅支度。
16歳のあなたへ——知らないことがどれほど多いのかといった
気づきが、すべての探究の第一歩となる。

＊　＊　＊

　京都市内、河原町五条から少し東に歩いた先にあるカフェに
入る。
　春の訪れを告げる暖かな日差しが、カフェの窓際に座るケニ
チのノートに優しく降り注いでいた。
　カフェの大きなガラス窓からは、穏やかに流れる鴨川の景色
が一望でき、東山の新緑が鮮やかに輝いている。鴨川べりに造
られた遊歩道では、木々が風に揺れ、心地よい季節の香りが漂
っている。
　川のせせらぎと鳥のさえずりがかすかに聞こえてくる。ケニ
チはその音に耳を澄ませながら、深く息を吸いこんだ。そして、
新たな冒険のはじまりを感じながら、手帳を開いた。
　「さあ、問いをめぐる冒険に出掛けようか」と、静かにつぶや
いた。

問いが重要であるのはなぜか？

ケン（若き日の私） 知らないことが多いなんて、当たり前だと思っていたけれど、それが探究の第一歩になるんだね。

ケニチ そのとおり。問いを立てることこそが、すべてのはじまりなんだ。さて、これからは、問いがなぜ重要なのかを一緒に考えてみよう。

トワエモワ 私も興味津々です。問いが私たちの生活や仕事にどう影響するのか、一緒に探っていきましょう！

あいちゃん 私も加わって、みなさんの疑問にお答えしますね。じゃあ、スタートです！

ケニチ まず、歴史のなかで生まれた偉大な問いから見てみよう。17世紀、アイザック・ニュートン（Sir Isaac Newton, 1642〜1727）が「なぜ、リンゴは木から地面に落ちるのか？」と問いかけたことを知っているかな？

ケン その問いが万有引力の発見につながったんだよね。一見、普通のことに思えるのに、それを問いにするなんて凄い！

トワエモワ そうですね。私たちも、日常のなかで当たり前と思っていることに疑問をもつことが大切なんだと感じます。

あいちゃん 当たり前に見えるものにこそ、深く掘り下げれば新しい発見があるんですよね。

ケニチ 次に、20世紀の例を挙げよう。ワトソン（James Dewey Watson）とクリック（Francis Harry Compton Crick, 1916〜2004）が「DNA の構造はどのようなものか？」と問

いかけたことで、DNA の二重らせん構造が発見されたんだ。

ケン　それって、生物学に革命をもたらした問いだよね！　小さな問いが、こんなにも大きな発見につながるなんて……。

トワエモワ　問いは、未知の世界への扉なんですね。私たちも、そんな扉を開けることができたら素敵です。

あいちゃん　一緒に、その扉をどんどん開けていきましょう！

ケニチ　問いは、ただ知識を得るためだけではなく、自己認識や成長にもつながるんだ。例えば、若いころ、自分に問いかけたことがあるだろう？　「自分は何者でありたいのか？」と。

ケン　確かにそうだね。その問いがあったからこそ、自分の進むべき道を考えるようになったよ。

トワエモワ　私も、問いを通じて自分を見つめ直すことができました。問いは、私たち自身を探究するためのツールでもあるんですね。

ケニチ　問いは、その場所や状況によっても変わる。例えば、シリコンバレーでは「次世代のテクノロジーをどう開発するか？」』という問いが重要になっているけど、京都やローマでは「歴史をどのように保存し、次世代に伝えるか？」が中心的な問いになっている。

ケン　場所によって問いが変わるなんて、興味深いね。

トワエモワ　そうですね。環境や背景が問いの内容を大きく左右するんですね。

あいちゃん　それぞれの場所にふさわしい問いを立てることで、その場所の本質に近づくことができますね。

ケニチ 問いは、科学者や哲学者、アーティスト、そして一般市民といった様々な人々によって生み出されてきた。彼らの好奇心や専門知識が新たな問いを生み出し、社会の理解と進歩を促してきたんだ。

ケン 僕たちも、この冒険を通じて、新しい問いを生み出していきたい！

トワエモワ 私たち一人ひとりが問いを立てることで、未来が変わるかもしれませんね。

あいちゃん みんなで力を合わせて、たくさんの問いを見つけていきましょう！

ケニチ このセクションでは、問いがどのような状況や文脈で生まれるのか、そしてそれがどのように私たちの世界を形づくってきたのかを振り返ったわけだけど、これからは、さらに深く問いを見つめていくことにする。

ケン よし、次に進もう！

トワエモワ 次はどんな発見があるのか、楽しみです！

あいちゃん 私もワクワクしてきました！ さあ、次へ進みましょう！

問いの窓とは何か？

ケニチ さて、いよいよ冒険譚を本格的にはじめるぞ。これから、実際に問いを立ててみよう。

ケン いやー、ワクワクするね！ まずは、どんな問いからはじめるの？

第1章　問いをめぐる冒険に出掛けよう　19

トワエモワ　最近気になっている環境問題について問いを立てるというのはどうでしょうか？

ケニチ　それはいいね。例えば、「私たちが住む地域で、どのようにして持続可能なエネルギーを普及させるのか？」という問いについて考えてみよう。

あいちゃん　それは素晴らしい問いですね。私もみなさんと一緒に、この問いを探究するのが楽しみです。

ケニチ　まずは「問いの窓」について学んでみようか。これは問いを効果的に理解し、分類するためのフレームワークなんだ。

ケン　問いを窓にたとえるなんて面白そう。どんな窓があるの？

トワエモワ　私も興味があります。どんな窓が私たちをどこに導いてくれるのか、ワクワクします。

あいちゃん　じゃあ、早速「問いの窓」の四象限を見てみましょう（次ページ**表1－1**参照）。

ケニチ　例えば、「私たちの地域で現在利用されている主なエネルギー源は何か？」という、公開された領域の問いがある。この問いは、誰もが知っている情報を問うものだ。

ケン　確かに、この問いは誰もが知っていることだね。

あいちゃん　公開された領域の問い（**表1－1**：共有知の窓）は、共有知識の確認や再確認に役立ちますね。

トワエモワ　一方、「ほかの地域では、どのような持続可能なエネルギーの普及方法が成功しているのか？」という問いが考えられますよね。

表1－1　ジョハリの窓に基づく「問いの窓」の四象限

問いの 四つの窓	問う者は 答えを知っている	問う者は 答えを知らない
問われる者 は答えを知 っている	**共有知の窓** 問う者と問われる者の双方が答えを知っている問い。これは共有された知識や理解がある状況に相当します。例えば、基本的な事実や共通の経験に基づく問い。	**問われる者の知の窓** 問われる者は答えを知っているが、問う者は知らない問い。これは回答者の知識や経験、解釈を探るもので、問う者にとっては新しい情報が明らかになる可能性がある。
問われる者 は答えを知 らない	**問う者の知の窓** 問う者は答えを知っているが、問われる者は知らない問い。これは問う者が問われる者の反応、感情、主体的行動を引き出すために使用します。問う者にとっては、問われる者の思考や感情を理解する機会です。	**探究・研究の窓** 問う者も問われる者も答えを知らない問い。これは共に探究する領域に相当し、新しい知識や理解を創出するための共同の探求が行われる。ここでは、問いが対話や発見の道を開くことが期待される。

ケニチ　そのとおり。他者の経験から学ぶことで、新しい視点や理解が得られるんだ。

あいちゃん　そうです。盲点となっている領域の問い（**表1－1：問う者の知の窓**）は、他者の知識や視点を活用することで自分の理解を広げることができる、非常に重要な問いとなります。

ケン　となると、「私たちの地域では、どのような社会的・文化的要因がエネルギー普及の障壁になっているのか？」という問いが考えられるよ。

トワエモワ　確かに、地域の内部事情に詳しい人しか分からないことですね。

ケニチ　そうだね。このように隠された領域の問い（**表1－1**：問われる者の知の窓）は、自分が知っていることを他者に伝える形で、より深い対話を促すことになるんだ。

あいちゃん　隠された領域の問いは、共有されていない情報を引き出し、新たな洞察を得るためのカギとなりますね。

ケニチ　それに対して、「私たちの地域で、持続可能なエネルギーを普及させるための新しいアプローチは何か？」という未知の領域に該当する問いもある。

ケン　この問いは、まだ誰も答えをもっていないものだよね。新しいアイデアやイノベーションを生むための問いになるね。

あいちゃん　未知の領域の問い（**表1－1**：探究・研究の窓）は、まさに探究と発見のための問いですね。これからの探究が楽しみです！

ケニチ　このように、「問いの窓」を使って問いを分類し、それぞれの特徴を理解することで、より効果的な問いづくりができるんだ。

ケン　「問いの四つの窓」について学んだけど、次は何を学ぶの？

ケニチ　次は、問いの表現手法について学んでいこう。これを理解することで、問いを多角的に見つめ、効果的に使い分けることができるんだ。

トワエモワ　具体的にどのような手法があるのか、興味があります！

表1－2　表現手法による問いの分類

	問いの種類・分類		例示
①	5W1H	「誰が、何を、いつ、どこで、なぜ、どのように」というフレームワークで問いを掘り下げる。	「この実験で何を観察しましたか？　それはいつ、どこで発生しましたか？　なぜ、その現象が起こったのか、どのように説明できますか？」
②	開いた問い vs 閉じた問い	開いた問いは、回答者に自由な回答を促し、閉じた問いは特定の答えを求めます。	「私たちがこれから取り組むプロジェクトの成功を、どのように定義しますか？」
			「明日の締め切りまでに、このタスクを完了できますか？」
③	内省的な問い vs 指示的な問い	反射的な問いは思考を深め、指示的な問いは具体的な行動を促します。	「どのような時に、あなたはやりがいを感じましたか？」
			「来週には、この目標を達成するためのステップを開始してはいかがでしょうか？」
④	具体的な問い vs 抽象的な問い	具体的な問いは詳細を求め、抽象的な問いは広範な概念に焦点を当てます。	「今四半期の販売数はいくつですか？」
			「我々の業界の将来はどのように変わると思いますか？」
⑤	事実を探る問い vs 感情を探る問い	事実を探る問いは客観的情報に焦点を当て、感情を探る問いは個人の感覚や意見を引き出します。	「この実験で使った薬品の量は何グラムですか？」
			「この結果を見て、どのように感じましたか？」
⑥	解決志向の問い vs 問題志向の問い	解決志向の問いは具体的な解決策を、問題志向の問いは問題の理解を深めます。	「この問題に対する最良の解決策は何ですか？」
			「生産性の低下に影響を与えている要因は何ですか？」
⑦	選択肢を提示する問い vs 選択肢を提示しない問い	選択肢を提示する問いは具体的な選択を求め、提示しない問いは自由な回答を促します。	「この五つのなかで、最も気に入ったデザインはどれですか？」
			「私たちのプロジェクトにどのような改善を加えることができるでしょうか？」
⑧	利活用目的による分類	好奇心を刺激する問い	「宇宙はどのようにはじまったのか？」
		疑問を解消する問い	「このエラーメッセージが表示されたとき、何をしていましたか？」
		関係構築のための問い	「あなたが私に期待していることは何ですか？」
		リサーチクエスチョン	「気候変動は北海道における農業にどのような影響を与えますか？」

あいちゃん じゃあ、私も一緒に、問いの表現手法を見ていくことにします。

ケニチ さあ、ここでいくつかの主要な表現手法（**表1−2参照**）を紹介しよう。これらを使い分けることで、問いを深めたり、視点を変えたりすることができるんだ。

ケン なるほど、問いにもいろいろな種類があるんだ。それぞれの手法を使い分けることで、対話や探究がもっと効果的になるね。

トワエモワ もし、具体的な問いと抽象的な問いの違いを知っていれば、状況に応じてどの問いを使うべきかが分かりやすくなりますね。

あいちゃん この手法を理解して実際に使ってみると、対話や探究がどんどん深まっていきますよ！

ケニチ このセクションでは、「問いの窓」と「表現手法による問いの分類」を活用して、問いをどのように分類し、実際の場面で活用するかを学んだ。次は、さらに深く探究していくことにしよう！

ケン よし、それじゃあ次に進もう！

トワエモワ これからどんな新しい発見があるのか楽しみです！

あいちゃん ワクワクしてきます。次の冒険に出発しましょう！

未知の問いとは何か？

ケニチ さて、みなさん、「問いの窓」について理解したところで、次に進むよ。ここからは「未知の問い」について深く

考えていくことにする。

ケン 未知の問いって、なんだかワクワクするね。どのような
問いがあるの？

トワエモワ 確かに、未知の問いは新しい発見に導いてくれそ
うです。もっと具体的に知りたいです。

あいちゃん 未知の問いとは、まだ誰にも知られていない、ま
たは答えられていない問いのことです。これらの問いは、研
究や探究において非常に重要な役割を果たします。新たな知
識や洞察の源泉となる、まさに「原石」のような存在なんで
す。

ケニチ あいちゃんが言うとおり、未知の問いとはまだ誰にも
答えられていないもので、研究や探究のなかで非常に重要な
役割を果たすんだ。

ケン なるほど。でも、どのような例があるの？

ケニチ 例えば、チャールズ・ダーウィン（Charles Robert
Darwin, 1809〜1882）が「なぜ生物は進化するのか？」と問
いかけたことで進化論が形成されている。

ケン 進化論は生物学全体に大きな影響を与えたよね。当たり
前に思えることでも、実は深い問いから生まれていたんだ。

あいちゃん そうです。ダーウィンの問いは、生物の多様性や
その適応の背景にあるメカニズムを理解するための礎とな
りました。

トワエモワ それに、アルフレッド・ウェゲナー（Alfred
Lothar Wegener, 1880〜1930）が「大陸はなぜ動いているの
か？」と問いかけたことで、大陸移動説が提唱されたんですね。

第1章　問いをめぐる冒険に出掛けよう　25

ケニチ　そのとおり。ウェゲナーの問いは、地球科学の理解を根本的に変えるものとなり、プレートテクトニクス理論[1]の発展につながっている。

あいちゃん　彼らの問いは、見過ごされがちな現象に新しい視点をもたらし、既存の知識を覆す大きな力をもっていました。未知の問いの力を改めて感じますね。

ケニチ　では、具体的にどうやって未知の問いを見つけだすのか、考えてみようか。

ケン　やはり、既存の知識や情報を疑ってみることが大切だね。

トワエモワ　そうですね。また、ほかの分野や異なる視点からアプローチすることも有効だと思います。

あいちゃん　そのとおりです。未知の問いを見つけるためには、広い視野と柔軟な思考が必要なんです。

ケニチ　それでは、具体的な例を見ていこうか。科学の分野では、「宇宙のはじまりはどうなっているのか？」という問いが未知の問いとして探究されている。

ケン　それに対する答えは、まだ見つかっていないんだよね。

あいちゃん　そうですね。宇宙のはじまりに関する問いは、今も多くの科学者たちによって探究されています。

トワエモワ　社会的な問題では、「持続可能な都市をどのように設計するのか？」というのが未知の問いになっています。

ケニチ　様々なイメージはあるだろうが、この問いに対しても、まだ誰も明確な答えをもっていない。

――――――――――――――――
(1)　東工大理学部の丸山茂徳教授が1994年に提唱した理論で、プレート運動など地球表層で起こる地学現象の原動力を説明するものです。

あいちゃん このような社会的課題に対する未知の問いも、新たな発見や解決策を生み出す可能性を秘めています。

ケニチ このセクションでは、未知の領域の問いがどのようにして新たな知識や洞察を引き出す源泉となるのかについて探ったが、未知の問いを見つけだし、それを探究するプロセスは、私たちの理解を深め、世界をより良くするための第一歩となることは分かったかな？

ケン 未知の問いは、まさに探検だということがよく分かったよ。

トワエモワ これからも、未知の問いを見つける旅を続けていきたいです！

あいちゃん 私もみなさんと一緒に、この旅を続けられてうれしいです！

どのようにして未知の問いをつくるのか？

ケニチ さて、みなさん、今まで学んだことをふまえて、いよいよ未知の問いをつくってみよう。

ケン 具体的には、どうすればいいの？

トワエモワ 私たちの最初の問い、「私たちが住む地域で、どのようにして持続可能なエネルギーを普及させるか？」をもとにして進めるんですよね。

あいちゃん そうです。まずは「問いの四象限」（**表1-1**）を使って、問いを分類していきましょう。このフレームワークを使えば、問いを整理して、それぞれの領域に応じた深い

探究が可能になります。

ケニチ　まずは、先ほどの復習になるけど、「公開された領域の問い」からはじめよう。

ケン　公開された領域の問いだね。これは、私たち全員が答えを知っている問いだよね。

ケニチ　そのとおり。例えば、「私たちの地域で現在利用されている主なエネルギー源は何か？」という問いが該当するね。これは、みんなが知っていることとなる。

トワエモワ　確かに、私たちの地域では主に電力とガスが使われていますね。

ケン　次は「盲点の領域の問い」。他者には答えが明らかになっているけど、自分には明らかになっていない問いだよね。

トワエモワ　ほかにも、「ほかの地域ではどのような持続可能なエネルギーの普及方法が成功しているのか？」という問いが考えられますね。

ケニチ　そのとおり。ほかの地域での成功事例を学ぶことで、私たちの理解を深めることができる。

ケン　次は「隠された領域の問い」。自分には答えが明らかだけれど、他者には隠されている問いだよね。

ケニチ　例えば、「私たちの地域では、どのような社会的・文化的要因がエネルギー普及の障壁になっているのか？」という問いが該当する。これは、地域の内部事情を知っている人であれば答えられる問いとなる。

トワエモワ　地域固有の慣習や価値観がエネルギーの普及に影響を与えているかもしれませんね。

ケン　最後に「未知の領域の問い」。これは、自分にも他者にも答えが明らかになっていない問いだよね。

ケニチ　一例を挙げると、「私たちの地域において、持続可能なエネルギーを普及させるための新しいアプローチは何か？」という問いが該当する。これは、まだ誰も答えをもっていない問いとなる。

トワエモワ　確かに、これこそが新しいアイデアやイノベーションを生むための問いと言えますね。

あいちゃん　未知の領域の問いは、まさに探究の原点ですね。このような問いをもつことで、新しい発見や革新が生まれるんです。

ケニチ　ここで一度、今日学んだことを振り返ってみよう。まず、問いがどのようにして日常生活や歴史的な出来事、科学的発見、文化・社会的な変革などから生まれるかを探った。問いは、私たちの知識や理解を深め、新たな発見や革新を促す原動力となるんだ。

トワエモワ　次に「問いの窓」について学びました。「ジョハリの窓」をもとにした「問いの四象限」を使って問いを理解し、分類する方法を学びましたね。

あいちゃん　「問いの窓」を使うことで、自己認識や人間関係、未知の探究にどのように役立つかが明確になりました。

ケニチ　未知の問いとは、まだ誰にも答えられていない問いのこと。これらの問いは、新たな知識や洞察の源泉として非常に重要なんだ。

ケン　科学的発見や技術的革新、社会的課題に関する具体例を

通じて、未知の問いがどのように新しい知識や洞察をもたらすのかについても学んだよ。

ケニチ　そして最後に、未知の問いをつくるプロセスを実践した。「問いの四つの窓」を使って、既存の知識を超える新たな視点や角度から問いを形成したわけだ。

トワエモワ　実際の例として、「持続可能なエネルギー普及」に関する新しいアプローチを考え、未知の問いを探究しました。

ケニチ　この冒険を通じて、新たな発見や探究の旅をはじめるためのガイダンスが得られることを願っているよ。

あいちゃん　これからも、未知の問いを追い求める旅を一緒に続けましょう！

ケン　探究の旅はまだまだ続くようだね。これからもよろしくお願いします！

　カフェの窓から見える夕暮れの鴨川べり、光が静かに薄れ、鴨川の水面がオレンジ色に染まっていた。ケニチと仲間たちは、長い話し合いを終え、カフェの外に出た。五条通を走る車の音をバックミュージックにして、彼らは川沿いの遊歩道を歩きだした。冷たい風が彼らの頬に触れる。新たな冒険のはじまりを予感させる風である。

　ふと空を見上げると、星が瞬きはじめていた。鴨川の流れにその光が揺らめいている。彼らは星空を見上げながら、心の中で、それぞれの問いがこの星たちのように輝き続けることを願った。

| COLUMN 1 | 問いをめぐる冒険譚——「幸せとは何か？」 |

映画俳優チャーリー・チャップリン（Sir Charles Spencer Chaplin,1889～1977）によるこの問いは、彼の映画のなかで何度も探求されたテーマです。彼は、シンプルな瞬間や人間関係の温かさのなかに「幸せの本質」を見いだそうとしました。物質的な豊かさではなく、日常のなかで互いに助け合い、笑い合うことが本当の幸せだと考えていたのかもしれません。

私たちも、この問いを心に留め、日常のなかで自分なりの幸せを見つけていく必要があります。問いを通じて、幸せの本質に少しずつ近づいていけるはずです。

付録　問いの四つの窓（ワークシート）

		問う者	
		答えを知っている	答えを知らない
問われる者	答えを知っている		
	答えを知らない		

31

第2章

今あるハテナで対話してみよう

本章における問いの焦点——問いづくりを「難しい」から「面白い」に。自己との対話、そして他者との対話のなかで問いを交わしあう。

16歳のあなたへ——問いを立てるのに正解はない。自由に思考をめぐらせ、心のままに問いをつくってみよう。ここでは、その第一歩を踏みだすための手助けをする。

＊　＊　＊

　京都市内、北大路通から北山通へと続く加茂街道沿いにあるカフェの一角。朝日が差しこみ、中は柔らかな光で満たされていた。大きな窓の外では春の花々が色鮮やかに咲き誇っており、道沿いに植えられている桜が風に揺れている。

　そよ風が運ぶ新しい季節の香りがカフェの中にも漂い、穏やかな朝のひとときを演出していた。コーヒーを片手に、ケニチは窓際の席に座っている。外の景色を眺めながら、今日もまた、問いを探究する一日がはじまると感じていた。

　目の前には加茂川の流れが見える。ここから少し南に下ると高野川との合流地点となり、「鴨川」と名前を変えることになる。川沿いを行き交う人々の姿を眺めながら、ケニチはゆっくりとノートを開き、次の冒険へ向けて準備をはじめた。

冒険譚は、次のステージへと進む。ケニチ、ケン、トワエモワ、そしてあいちゃんが集まり、問いづくりにおける対話の重要性を探究していくことになる。

対話とは何か？

ケニチ　さて、次のステップに進もうか。今日は、問いづくりにおいて、対話がどれほど重要かについて考えてみたいと思う。

ケン　対話って、ただ話し合うことじゃないんだよね？

トワエモワ　そうですね。対話を通じて新しいアイデアや視点が生まれることがあります。対話がどのように問いづくりに役立つのか、詳しく知りたいです。

ケニチ　対話は、情報や考えを交換し、共有の理解を築くための重要なコミュニケーション手段なんだ。効果的な対話は、相互理解を深めるだけでなく、新たな洞察やアイデアの発展を促すんだ。問いづくりにおいて対話は、思考を形成し、拡大する基礎となるんだ。

ケン　なるほど、情報交換以上のものなんだ。具体的には、どのような利点があるの？

ケニチ　対話には多くの利点がある。例えば、理解の促進、関係の構築、創造性の刺激など。対話を通じて個々の知識や経験が共有され、問題や概念に対する深い理解が進むことになる。また、お互いの価値観や信念に耳を傾けることで信頼と相互尊重が生まれ、より強固な人間関係が築かれることになる。そして、異なる視点が交差することで、新しいアイデア

や解決策が生まれることもあるんだ。

トワエモワ　ところで、効果的な対話をするためにはどのような特性が必要なんでしょうか？

あいちゃん　ここで、効果的な対話をするための三つの特性を紹介しますね。まずは、開かれた姿勢です。新しい情報や異なる意見に対して柔軟であり、他者の意見を受け入れるための準備が必要となります。

ケニチ　そのとおり。そして、活発な聞き手であること。相手の話に耳を傾け、理解しようとする努力が重要だし、建設的なフィードバックも必要とされる。意見の相違があっても、尊重しあいながら、共通の理解を築くためのフィードバックを提供することが大切なんだ。

ケン　自己認識や共感、問いかける力も大事なんだね。自己との対話と他者との対話をどのように行えばいいのか、もっと具体的に知りたいよ。

ケニチ　了解。自己認識とは、自分自身の思考や感情を理解し、それが対話にどのように影響するのかを認識することとなる。一方、共感は、相手の立場や感情を理解し、感じる能力のこと。そして、問いを立てる力は、効果的な問いを通じて対話を深め、話題の探索を促進する技術となる。これらの要素を活用すれば、自己との対話や他者との対話を適切に行い、問いづくりを楽しめるはずだ。

トワエモワ　なるほど、これらの要素を身につけることで、問いづくりがもっと楽しくなりそうですね。

あいちゃん　そうですね。対話の技術は、問いづくりのプロセ

スにおいて中核的な役割を果たします。自己との対話からはじまり、他者との交流を通じて思考を拡大し、より豊かな理解と創造的なアウトプットを生み出すことができるんです。

ケニチ　そのとおり。次のセクションでは、問いづくりが難しい理由と、その障壁をどのようにして克服するのかについて掘り下げていこう。

問いづくりが難しいのはなぜか？

　このセクションでは、問いをつくるスキルが幼少期に発達し、学齢期に入ると減少する理由について探っていく。さらに、教育システムがこの現象にどのように影響しているのか、そして個々の内面の声に耳を傾けることの重要性に焦点を当てることにする。

ケニチ　前回の対話では、問いづくりがどれほど重要かを理解したが、今回は、なぜ問いをつくるのが難しいのか、その理由を探ってみよう。

ケン　確かに、子どものころは簡単に問いを発することができたのに、大人になると問いを立てるのが難しいと感じてしまうよ。なぜなの？

トワエモワ　私もそれが気になっています。どうして、子どものころのように自由に問いを立てられないんでしょうか？

ケニチ　それにはいくつかの理由があるんだ。まず、問いづくりのスキルは、幼少期にピークを迎え、学齢期に入ると減少

第2章 今あるハテナで対話してみよう　35

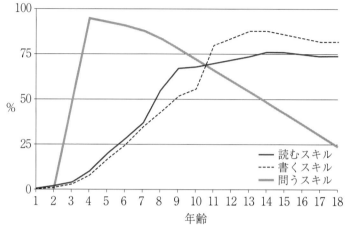

図2-1　基本スキル到達度

出典元：The Right Question Institute（MA, USA）

してしまうことが研究で示されている[1]。

ケン　どうして、そんなことが起こるの？　子どものころは無邪気に質問できたのに……。

ケニチ　それは、親子の関係や学校教育の影響が大きいんだよ。特に学校では、正しい答えを見つけることが重視され、自由な問いづくりが抑制される場合が多いんだ。

トワエモワ　つまり、テストや試験で正解を求められることが、自由な問いを立てる機会を奪っているということですね。

---

[1]　「Right Question Institute」のダン・ロススタイン氏が2017年3月に日本初のQFTワークを行った時の問いの焦点であった。**図2-1**参照。ウォーレン・バーガー／鈴木立哉訳『Q思考——シンプルな問いで本質をつかむ思考法』（ダイヤモンド社、2016年）においても引用されている。

ケニチ そのとおり。標準化された評価方法や、一方的な情報提供が中心となっている教育構造が、子どもたちの自主的な問いづくりを抑制しているんだ。

ケン でも、それって教育システムだけの問題なの？ 自分自身の心の中でも、何かが変わっているような気がするんだけど……。

ケニチ 鋭い指摘だね。問いづくりを難しくしているのは、教育システムだけでなく、自己との対話が疎かになっていることも大きな要因となっている。内面の声に耳を傾けることが重要なんだ。

トワエモワ 内面の声を聴く、ですか。具体的にはどうすればいいんでしょうか？

ケニチ 日常生活のなかで自問自答するといった習慣をもつことが大切だね。例えば、「この状況にどのように感じるのか？」や「次に何をすべきか？」といった問いを自らに投げかけることが大事なんだ。

ケン 自分自身と対話することで、問いづくりのスキルが磨かれるんだ……。

ケニチ そのとおり！ 自己認識を深め、自由な思考を促進することで、問いづくりの楽しさを再発見することができる。これこそが、私たちが探究の旅を続けるためのカギとなる。

心理的な安全性とは何か？

ケニチ さて、次は「心理的安全性」について話そう。これは、

問いを自由に、創造的に交わすためにとても重要な要素となる。

ケン 心理的安全性って、どういうことなの？

ケニチ 心理的安全性とは、意見やアイデアを自由に表現できる環境のこと。恥をかくことや否定されることを恐れることなく、誰しもが自分の考えをオープンに共有できる状態を指すんだ。

トワエモワ それは、確かに重要ですね。どうすれば、そんな環境がつくれるのでしょうか？

ケニチ まずは、心理的安全性の重要性について見てみよう（**表2－1**参照）。

表2－1 心理的安全性の重要性

項目	説明
創造性と革新の促進	心理的安全性が確保された環境では、新しいアイデアや挑戦が積極的に行われるようになります。
学習と成長	間違いを恐れずに試行錯誤ができるため、個人の学習と成長が促進されます。
チームの協力関係強化	チームのメンバーが互いの意見を尊重し、協力関係が強化されることで、全体の生産性が向上します。

ケン なるほど、心理的安全性があると、みんなが新しいことに挑戦しやすくなるんだ。

ケニチ そのとおり。では、次に心理的安全性を育む方法について見てみよう（**表2－2**参照）。

表2−2　心理的安全性を育む方法

項目	説明
開かれたコミュニケーションの促進	リーダーや教育者が率先して自分の考えや不確実性を共有し、開かれたコミュニケーションを促します。
失敗を学びの機会として捉える文化の構築	失敗を個人の瑕疵ではなく、学びと成長の機会として捉えることで、新しい挑戦を恐れない文化を形成します。
全員の声、思い、考えをお互いに伝え合える環境の保証	ミーティングや討論の際に全員が意見を言えるようにし、特定の個人が支配的にならないように配慮します。

トワエモワ　なるほど、開かれたコミュニケーションや失敗を学びの機会とすることが大事なんですね。

ケニチ　そうなんだ。心理的安全性が確立されると、**表2−3**のような効果が得られるんだ。

表2−3　心理的安全性の確立がもたらす効果

項目	説明
個人の創造性を解放	安全な環境でアイデアを自由に表現でき、創造的な発想や解決策が生まれます。
組織やグループ内での学習促進	オープンで受け入れられる環境が個々人の能力を引き出し、集団全体の知識向上に寄与します。
健全なコミュニケーションとチームワークの促進	信頼と相互尊重が効果的なチームワークの基盤となり、共同での目標達成を容易にします。

第2章　今あるハテナで対話してみよう　39

ケン　心理的安全性があると、みんながもっと自由に意見を出
　せて、いいアイデアがたくさん生まれるんだね。

ケニチ　そのとおりだ。ここでは、心理的安全性の概念とその
　重要性、そしてそれを育む方法について学んだ。これを理解
　すれば、私たちはより豊かな対話と創造的な問いづくりがで
　きるようになるんだ。

トワエモワ　ありがとうございます。心理的安全性がいかに大
　事かよく分かりました。

ケニチ　次は、「問い重ね」とその成果について探っていこう。
　心理的安全性を土台にして、より深い問いを立てる方法を学
　んでいくことにする。

問い重ねとは何か──どのようにして行うのか？

ケニチ　では、「問い重ね」について話していこう。問いを重
　ねることで思考を深め、視野を広げるというプロセスなんだ。

ケン　問い重ねって、どういうことなの？

ケニチ　簡単に言えば、問いに問いを重ねることで対話を深め、
　より多角的な視点を得る方法となる。例えば、「持続可能な
　エネルギーをどのようにして普及させるか？」という問いに
　対して、「そのためには、どのような技術が必要なのか？」と、
　問いを重ねる作業になる。

トワエモワ　なるほど、問いが連鎖することで深い理解が得ら
　れるんですね。

あいちゃん　そうですね。問いを重ねることで、私たちは一つ

40

の問題を異なる角度から探ることができ、新たな洞察や解決策にたどり着ける可能性が高まります。

表2－4　問い重ねの目的と効果

項目	説明
対話の促進	互いの問いに答えてしまわずに問いを重ねることで、参加者間の対話が活性化し、より深い関係構築へと導きます。
思考の拡張	新たな問いを重ねることで、一つのトピックに対する多角的な視点が得られます。
創造的な問いづくり	他者の問いに対して自らの問いを追加することで、創造的な思考が促されます。

ケニチ　問い重ねの目的は、対話を促進し、思考を拡張し、創造的な問いづくりをサポートすることにあるんだ。では、問い重ねの具体的なプロセスについて説明しよう。

ケニチが**表2－5**を示しながらプロセスを説明しはじめる。

ケン　このプロセスを通じて、参加者はどのような効果が得られるの？

ケニチ　問い重ねのワークショップは、問いづくりのスキルを磨くだけでなく、他者と協力して共通の理解を深めるという貴重な機会を提供するんだ（**表2－6**参照）。

あいちゃん　問い重ねを通じて得られる深い理解は、個々のアイデアを結びつけ、新しい視点を生み出す助けになります。

表2−5　問い重ねプロセスの詳細（タイムライン）

ステップ	内容
導入と説明 （2分）	セッションの目的とプロセスを明確に説明し、心理的安全性を保つためのガイドラインを設けます。
問いの作成 （1分）	参加者に自分自身の興味や関心から一つの問いを考えてもらい、それをメモに記録します。
ペア形式での問い交換（2分）	ペアを組み、それぞれの問いを共有し、聞き手が話し手の問いを理解し、感じたことを共有します。
問いへの問いを返す（2分）	各参加者が、相手の問いに対して新たな問いを提起し、元の問いを深めるか、新しい方向へと導きます。
問いの交換と繰り返し（2分）	交互に問いを返しあい、問いが層を重ねるように展開します。
結論と振り返り （1分）	セッションを通じて生成された問いの連鎖をグループ全体で共有し、各ペアや個人がこの活動から得た洞察や感想を共有します。

表2−6　問いづくりの文化的変革と深い理解の促進

項目	説明
問いづくりの文化的変革	問い重ねワークは、伝統的な「答えを求める」学びから「探究を深める」学びへのシフトを促し、学習者が主体的に参加する学びの場を創出します。
問いを通じた深い理解の促進	問い重ねは、問い自体が単なる知識の探求手段ではなく、より深い理解や洞察を引き出すための道具として機能します。
問いの層を深めることの重要性	問いがもつ新たな側面を探ることは、学習者が自らの問いに対する深い探究を行い、それに答える過程で新たな問いを生み出すことを可能にします。

トワエモワ 問い重ねの文化を育てることで、学びがより深く、豊かになるのですね。

ケニチ そのとおり！ 問いづくりは単なる技能ではなく、持続的な学びと成長のカギとなるんだ。ここでは、問い重ねのプロセスがいかにして創造的な問いや深い理解を促進するかについて学んだけど、分かったかな？

あいちゃん 問い重ねは、個々の知識を結集し、新たな発見を導くための強力なツールです。このプロセスを日常的に活用すれば、学びがより効果的なものになります。

ケニチ それでは、実際に私たちも問い重ねに挑戦してみよう。

ケン いいね！ まずは、僕の問いからはじめよう。「私たちが住む地域で、どのようにして持続可能なエネルギーを普及させるのか？」

トワエモワ その問いに対して私は、「そのためには、どのような政策が必要か？」と問いを重ねます。

ケニチ さらに、「その政策を実現するためには、どのようなステークホルダーの協力が必要なのか？」という問いを追加しよう。

ケン じゃあ、もっと具体的に、「地域の住民を巻きこむためにはどのようなアプローチが効果的か？」という問いを僕は重ねる。

トワエモワ そして、「そのアプローチを実行するためにはどのようなリソースが必要なのか？」と重ねます。

あいちゃん このように問いを重ねることで、多角的な視点と具体的な解決策が生まれていきます。

ケニチ　素晴らしい。このように問いを重ねることで、持続可能なエネルギー普及に向けた多角的な視点と具体的な解決策を探ることができた。

ケン　確かに、問いを重ねることで、深い理解と具体的なアクションプランが見えてきたよ。

トワエモワ　これは楽しいですね。問いを重ねることで、新しい発見やアイデアが次々に生まれてきます。

ケニチ　そうなんだ。問い重ねは、思考を深め、視野を広げる強力なツールなんだ。このプロセスを通じて、問いづくりのスキルを磨き、より豊かな学びと成長を実現しよう。

ケン　これからも問い重ねを実践して、新しいアイデアや解決策を見つけていきたいね。

トワエモワ　私も、日常生活や仕事のなかで問い重ねを活用して、より深い理解と効果的な解決策を見つけていくことにします。

どのようにして問い重ねの成果を測定するのか
──次のステップは何か？

ケニチ　続いて、問い重ねワークショップの成果をどのように測定するのか、そして次のステップについて考えていこう。

ケン　成果を測定するって、具体的にはどういうことをするの？

トワエモワ　確かに難しい感じがしますね……。参加者がどれだけ効果的に問いを重ねられたかを評価する基準が必要になりますよね。

表2−7　問い重ねルーブリック

1. 導入と説明のマイルストーン：到達度（0−5点）	
0−1点	参加者がセッションの目的や流れを理解していない状態。説明が不明瞭で、目標が不確か。
2−3点	目的と流れがある程度は伝わっているが、細部にわたる理解が不足している。
4−5点	目的と流れが非常に明確に伝えられ、参加者がセッションに対する明確な期待をもっている状態。

2. 問いの作成のマイルストーン：到達度（0−5点）	
0−1点	提出された問いが不明瞭、またはまったく関連性がない。
2−3点	提出された問いが適度に関連性があり、理解されているものの、深みや革新性に欠ける。
4−5点	提出された問いが明確で、非常に関連性が高く、洞察に富んでいる。

3. ペア形式での問い交換のマイルストーン：到達度（0−5点）	
0−1点	交換される問いがほとんどなく、対話が成立していない。
2−3点	問いの交換が部分的に行われており、表面的な理解に留まる。
4−5点	問いの交換が活発で、互いの理解を深める効果的な対話が行われている。

4. 問いへの問いを返すのマイルストーン：到達度（0−5点）	
0−1点	返される問いが不適切で、元の問いを理解していない場合。
2−3点	返される問いが部分的に元の問いに関連しており、一定の理解を示しているが、さらなる洞察は限定的。
4−5点	返される問いが非常に適切で、元の問いに基づいて新たな洞察を提供し、深い理解を促進している。

5. 問いの交換と繰り返しのマイルストーン：到達度（0−5点）	
0−1点	問いの繰り返しや交換がほとんど行われず、対話が途切れ途切れとなっている。
2−3点	問いの繰り返しと交換が一部行われているが、連続性や深い理解をもたらすには不十分。
4−5点	問いの繰り返しと交換が非常に効果的で、参加者間での深い理解と連続的な対話が促されている。

6. 結論と振り返りのマイルストーン：到達度（0−5点）	
0−1点	セッションの結論や振り返りが不十分で、学びの統合が見られない。
2−3点	結論と振り返りが行われているが、参加者の理解や次のステップへの展望が不十分。
4−5点	結論と振り返りが詳細に行われ、参加者が得た学びが明確にまとめられ、今後の活用方法についての具体的な案が提示されている。

ケニチ　そのとおり。そこで、各ステップの達成度を評価するためのルーブリック（**表2−7参照**）を紹介しよう。これを使えば、ワークショップの質を向上させるためのフィードバックを得ることができるんだ。

ケン　なるほど、これでワークショップの質を向上させるための具体的なフィードバックが得られるんですね。

トワエモワ　そして、次のステップとして、ワークショップの結果をもとに、さらに深い問いを立てたり、新しいテーマを探究することができるんですね。

あいちゃん　そのとおりです。フィードバックをもとに、次のワークショップや日常での問いづくりの改善点を見つけ、継

46

続的に成長していくことが大切です。

ケニチ そのとおり。問い重ねの成果を評価し、次のステップに進むことで、問いづくりのスキルをさらに高めることができるんだ。それにしても、この章ではいろいろなことを学んだね。まず、対話が情報や考えを交換し、共通理解を築くための重要なコミュニケーション形式であることを説明したよね。

ケン そうだね。対話は単なる情報交換じゃなくて、互いの視点を理解し、新しい意味を創造するプロセスであることがよく分かったよ。開かれた姿勢や活発な聞き手、そして建設的なフィードバックが対話を成功させるためには重要なんだよね。

トワエモワ そう、それによって理解が深まり、関係が築かれ、創造性が刺激されるんですよね。確かに、大切なことだと感じました。

ケニチ なかなかよく理解しているね。そして次に、問いづくりのスキルが幼少期にピークを迎え、その後、減少する理由について探った。

ケン 学校という教育システムが正しい答えを求めることに重点を置いているため、自由な問いづくりが抑制されてしまうんだよね。

トワエモワ 標準化された評価や受動的な学習環境が、子どもたちの自然な好奇心を抑えちゃうんですね。さらに、今日は、自己との対話を通じて問いづくりのスキルを再発見し、育む方法も学びました。

ケニチ　それに続いて、心理的安全性が、問いを自由に、創造的に交わすための環境を実現するためのカギであることを説明した。

ケン　心理的安全性があると、自分の考えを自由に表現する際にリスクを感じないんだよね。それが確保されれば、創造性と革新が促進されるって学んだ。

トワエモワ　具体的には、開かれたコミュニケーションの促進や、失敗を学びの機会とする文化の構築、そして全員の意見を尊重する環境の保証が重要なんですね。

ケニチ　次に学んだのが「問い重ね」についてだった。問い重ねは、参加者が自身の問いを交わしあい、さらに問いを重ねていくというプロセスのこと。

ケン　問いを重ねることで対話が深まり、思考が拡張され、創造的な問いづくりが進むんだよね。

トワエモワ　ワークショップでは、導入と説明、問いの作成、問いの交換、問いへの問いを返す、問いの交換と繰り返し、結論と振り返りのステップを通じてみんなが積極的に関与し、学びあう文化を形成するんですね。

ケニチ　みんな凄い理解力だね。最後に、問い重ねワークショップの成果を評価するためのルーブリックを紹介したけど、これについてはどうかな？

ケン　ルーブリックを使えば、各ステップの達成度を測定して、ワークショップの質を向上させるためのフィードバックが得られるんだよね。

トワエモワ　その評価を通じて、ワークショップの運営を改善

し、参加者の学びと成長を最大化することが目指されているんですね。

あいちゃん みんなが学んだことを次のステップで活かせば、さらに深い問いを立て、新しいテーマを探究していくことができるようになります。

ケニチ 素晴らしい！ そのとおり。この章で学んだことを土台に、次章ではさらに深い探究の旅に出掛けよう。

　北山通から加茂川沿いに続く道にたたずむ、夜の静寂に包まれたカフェの一角。夜空に浮かぶ星たちが静寂のなかで輝いていた。北山通の街灯がぼんやりと光り、聞こえてくる加茂川のせせらぎが静かな夜の雰囲気を一層際立たせている。

　カフェの中では、ケニチと仲間たちがそれぞれの席で考えをまとめていた。今日の対話で生まれた問いが、彼らの心の中で静かに芽生え、次なる探求の糧となるのだろう。

　しばらくするとゴールデンウィーク、たくさんの観光客でこの静けさはなくなるであろう。

　彼らはひと息つき、次の冒険へ向けてゆっくりと立ちあがった。加茂川沿いの道を歩きながら夜空に瞬く星たちに目を向け、次の問いがどのような旅路を示してくれるのか、期待を胸に抱きながら家路に就いた。

第2章　今あるハテナで対話してみよう　49

| COLUMN 2 | 問いをめぐる冒険譚──「私たちの顧客は誰か？」 |

　経営学者ピーター・ドラッカー（5ページ参照）によるこの問いは、企業経営の核心を突くものです。顧客のニーズや期待を理解することがビジネスの成功には不可欠です。この問いに応えるために市場調査を行い、顧客とのコミュニケーションを通じて真のニーズを把握し、製品やサービスを改善することが求められます。顧客は、時代の流れや技術の進歩にともなって変化するため、常に彼らの声に耳を傾け、柔軟に対応することが重要となります。この問いは、教育や研究開発の場においても、学生や研究資金提供者のニーズを理解し、より効果的な成果を生み出すための指針となっています。

付録　問い重ね（ワークシート）

Aさん	Bさん	Cさん	Dさん	お名前／ニックネーム
				今あるハテナ
				自分で／他者から 問い重ね　1
				自分で／他者から 問い重ね　2
				自分で／他者から 問い重ね　3
				自分で／他者から 問い重ね　4
				五つの問いから考えた 私の問いの特徴 〈キャッチコピー〉*

＊「五つの問いから考えた私の問いの特徴（キャッチコピー）」とは、「自分で」問い重ねを行った時に推奨する言語化ワークです。その主な目的は、関連する五つの問いから浮かびあがる「自身の問いの傾向、そのような傾向をもたらす価値観」をあぶりだすこと、すなわち、問い重ねを通じて自身の価値観を可視化・言語化することです。

第3章

問うためのテーマと問題を発掘しよう

本章における問いの焦点——心から問いたいことについて、その内発的動機を言語化し、先行知見や社会状況との交差点を見つけだす。

16歳のあなたへ——真の探究活動は、一人ひとりの内面から湧きあがるものだ。

*　　*　　*

　京都、東山の一角。秋の朝、冷たい風が「ねねの道」を通り抜けていった。八坂神社の南門をくぐって少し歩くと、この道となり、「二年坂」、「三年坂」の先に清水寺がある。「ねねの道」を少し行くと、左手に「高台寺」、右手には、豊臣秀吉亡きあと、ねね（北政所）が暮らした「圓徳院」がある。その入り口の右手には、「高台寺掌美術館」や土産物店があるのだが、その奥に「夢珈琲」というカフェがある。

　ケニチはこの店のカウンター席に座り、コーヒーを楽しんでいた。四条通や東大路通から歩いて10分ほどだというのに、都会の喧騒は届かない。彼の心も同じく、静かに内省を深め、まるで木々の葉が変わるように、自身の心が絶えず変化を続けていると感じていた。

　今日は、この静けさとともに、心の奥底から湧きあがる内発

的動機を掘り起こし、真に追求すべきテーマと問題を見つける
ための探究をはじめることにする。つまり、自分自身の動機を
理解し、それが自身の研究・探究で扱うテーマの設定や、その
なかで向きあうべき問題の特定にどのような影響を与えるのか
探る旅になる。

内発的動機とは何か？

ケニチ　さて、ここからは内発的動機について話していくこと
　　にする。これは、私たちの研究や探究の基盤となる非常に重
　　要な要素となる。

ケン　内発的動機って何？

トワエモワ　ひょっとしたら、自分がやりたいことや、興味が
　　あることですか？　もしそうなら、私も自分の興味を活かし
　　たいですが……。

ケニチ　内発的動機とは、外部の報酬や評価に依存せず、自分
　　の内面から湧きあがってくる動機のことだよ。ここでは、そ
　　の動機がどのように形成され、研究テーマに結びつくのかを
　　見ていくことにする。

　　まずは、動機づけ全般について簡単に説明しよう。動機に
　　は「方向」、「強度」、「持続性」という三つの要素があり、そ
　　れぞれが行動にどのような影響を与えるのかが重要となる
　　（表3-1参照）。

第3章　問うためのテーマと問題を発掘しよう　53

表3-1　動機づけの要素と段階

要素	説明
方向	目標に向かって行動する方向性
強度	行動の強さ、エネルギーの量
持続性	行動を続ける時間の長さ

段階	説明
目標設定段階	行動の目標を設定する段階
目標達成段階	設定した目標に向けて行動する段階

ケン　じゃあ、内発的動機にはどういう種類があるの？

ケニチ　内発的動機は、楽しみや好奇心、充実感などの内的要因によって駆動されるんだ。まずは、過去・現在・未来という観点から内発的動機を探ってみよう。過去の経験からはじめると、自分がどんなことに興味をもっていたのか、ルーツが分かりやすいんだ（**表3-2**参照）。

表3-2　過去の経験のポイント

ポイント	説明
子ども時代の探究心	初めて興味をもったテーマや活動が現在の興味につながっているかを考える。
教育経験	学校や大学での特定の授業やプロジェクト、影響を受けた教師や教授との出会いが現在の興味に与える影響。
個人的な挑戦や成功	個人的な達成感や困難を乗り越えた経験が現在の情熱に結びついているのかを探る。

ケン 僕が子どものころに好きだった科学実験とかが、今の興味に影響を与えているんだね。

ケニチ そうとおり。次は、現在の興味について洗い出してみよう。

表3－3　現在の興味の洗いだし方法

手法	説明
興味の洗い出し	キーワードや短いフレーズを書きだし、現在の興味を具体化する。
ジャンルの特定	特定の分野を選びだし、その分野に関連する問いをいくつかつくる。

表3－4　将来の希望の明確化方法

手法	説明
ミッション発掘ワーク	好きなこと、夢中になれること、社会の役に立つことなどからキーワードを洗いだす。
バックキャスティング	将来の目標を設定し、そこから逆算して具体的な行動計画を立てる。

トワエモワ 私も最近興味があるテーマを洗いだしてみたら、エネルギー問題に関心があることが分かりました（**表3－3・表3－4**参照）。

ケニチ 素晴らしい！　最後に、将来の希望について考えてみよう。自己理解を深めるためには、定期的な自己省察（リフレクション）が重要なんだ。

ケン なるほど、自己理解を深めるためには、いろんな手法を使って自己省察をすることが大切なんだね（**表3－5**参照）。

第3章　問うためのテーマと問題を発掘しよう　55

表3－5　自己理解を深める手法

手法	説明
ジャーナリング	定期的に日記をつけ、自分の考えや感情を整理する。
メンターとのディスカッション	メンターとの対話を通じて、自己の動機を明確にする。
リフレクションのフレームワーク	熊平美香著『リフレクション』（ディスカヴァー・トゥエンティワン、2021年）で提案されているフレームワークを使用し、自分の価値観を可視化する。
外部からのフィードバック	同僚や指導者からのフィードバックを利用して、自己の見解がどの程度客観的かを評価する。
新しい興味の芽生えに対して開かれた態度をもつ	ワークショップやセミナー、オンラインコースなどを通じて新しい知識を取り入れ、自己の興味を更新し続ける。

ケニチ　そのとおり。このプロセスを通じて自分自身の動機を明確にし、それが研究テーマへと結びつく方法を理解することが重要なんだ。今日は、内発的動機を探るワークを進めるけど、まずはライフラインチャート（**表3－6**参照）からはじめよう。若き日の私、どうだったかな？

ケン　うん、科学実験キットからはじまったかなあ。それから、科学クラブで宇宙に興味をもったんだ。

ケニチ　そして、大学では生物学、特に分子生物学に夢中になるんだよね。

トワエモワ　私は、家族で北海道の知床へ旅行に行ったことがきっかけで自然に興味をもちました。環境保護クラブに参加

表3－6　ライフラインチャート

	年齢	体験	興味	影響
ケン	6歳	科学実験キットをもらう	化学	科学に対する好奇心が芽生える。
	12歳	学校の科学クラブに参加	宇宙	科学クラブでの活動が楽しく、宇宙に興味をもつ。
	19歳	大学で生物学を専攻	生物学	生物学の教授に影響を受け、生物の研究に興味をもつ。
	22歳	大学での研究プロジェクト	分子生物学	分子生物学の研究に没頭し、研究者を目指す決意を固める。
トワエモワ	8歳	家族で自然観察旅行	自然	自然と動物に対する興味が湧く。
	15歳	環境保護クラブに参加	環境問題	環境保護活動を通じて、環境問題に関心をもつ。
	20歳	大学での環境科学の授業	環境科学	環境科学に対する理解が深まり、研究への興味が増す。
	25歳	環境NGOでのインターンシップ	持続可能性	持続可能なエネルギーの普及に強い関心をもつようになる。

してから環境問題に関心をもつようになり、大学では環境科学を学びました。そして、インターンシップで持続可能なエネルギーに強い関心をもつようになりました。

ケニチ　いいね。では、次はテーマ発掘ワークに移ろう（**表3－7参照**）。それぞれの興味をキーワードやフレーズにまとめてみよう。

ケン　生物学、遺伝子、環境適応、進化、これが僕の興味の核かな。

トワエモワ　私の場合は、持続可能性、エネルギー、環境保護、教育ですね。これらのテーマに関連する問いをつくってみます。

ケニチ 素晴らしい！ それじゃあ、ミッション発掘ワークに
進もう。好きなこと、夢中になれること、人から褒められた
ことなどを洗いだしてみよう（**表3-8**参照）。

表3-7 テーマ発掘ワーク

	キーワード	短いフレーズ
ケン	生物学	生物の生命の仕組み
	遺伝子	遺伝情報の解読
	環境適応	生物の環境適応メカニズム
	進化	進化の過程とメカニズム
トワエモワ	持続可能性	持続可能な社会の実現
	エネルギー	再生可能エネルギーの普及
	環境保護	環境保護活動の推進
	教育	環境教育の重要性

表3-8 ミッション発掘ワーク

	お題	キーワード
ケン	好きなもの	科学、自然
	夢中になれること	実験、研究
	人から褒められたこと	探究心、分析力
	制約がなければ成し遂げたいこと	遺伝子研究の第一人者になる
	社会の役に立ったこと	学校での科学普及活動
トワエモワ	好きなもの	自然、環境保護
	夢中になれること	環境活動、教育
	人から褒められたこと	環境意識、行動力
	制約がなければ成し遂げたいこと	持続可能なエネルギー社会の実現
	社会の役に立ったこと	環境NGOでの活動

しばらくの間、二人が思考する。

ケニチ　どう、テーマ発掘ワークは終わったかな。感想を聞かせてもらえるかな。

ケン　このワークを通じて、僕がなぜ科学に情熱をもっているのか再確認できたよ。特に、遺伝子研究への興味がどこから来ているのか、改めて理解することができた。

トワエモワ　私もです。自分の興味や情熱がどこから来ているのかを明確にすることで、「持続可能なエネルギー普及」というテーマがより具体的に感じられました。

ケニチ　よかったね。それでは、次にバックキャスティングワークで未来の目標を設定し、行動計画を立ててみよう（**表3－9**参照）。

表3－9　バックキャスティングワーク

	目標期間	目標	行動計画
ケン	長期（20年）	遺伝子研究の専門家になる。	国際学会で発表し、研究成果を発信する。
	中期（5年）	大学での研究プロジェクト完了。	研究テーマを設定し、実験を開始する。
	短期（1か月）	文献調査	最新の遺伝子研究を調べる。
トワエモワ	長期（20年）	持続可能なエネルギー社会の実現。	政府や企業との連携を深め、政策提言を行う。
	中期（5年）	環境NGOでのプロジェクト完了。	再生可能エネルギー普及のプロジェクトを実施。
	短期（1か月）	環境教育プログラムの企画	学校での環境教育プログラムを提案。

第3章　問うためのテーマと問題を発掘しよう　59

ケン　未来の目標を逆算して考えるというのは新鮮だね。短期、
　中期、長期で何をすべきかが明確になったよ。

トワエモワ　私も同感です。持続可能なエネルギー社会の実現
　に向けた具体的なステップが見えてきました。

ケニチ　いやはや、素晴らしい！　最後に、「認知の４点セッ
　トワーク」で自己理解を深めるよ。自分の意見、経験、感情、
　価値観を整理してみよう（**表3－10**参照）。

表3－10　認知の４点セットワーク

	認知要素	内容
ケン	意見	遺伝子研究は未来の医療に革命をもたらす
	経験	実験室での研究が日常
	感情	科学への情熱と興奮
	価値観	知識の探求と共有
トワエモワ	意見	持続可能なエネルギーは地球の未来に不可欠
	経験	環境 NGO での実務経験
	感情	環境保護への強い使命感
	価値観	環境保護と社会貢献

ケン　自分の価値観を可視化することで、どのように研究テー
　マと結びついているのかがよく分かったよ。

トワエモワ　私も同じです。環境保護への使命感が、持続可能
　なエネルギー普及への取り組みを支えていると感じました。

ケニチ　いいねー。このプロセスを通じて、内発的動機がどの
　ように研究テーマや問題特定に影響を与えているのかが具体

的に理解できたと思う。これをもとにして、次のステップに進んでいこう。

テーマとは何か——どのようにして発掘するのか？

ケニチ　さて次は、「テーマとは何か——どのように発掘するのか？」について掘り下げていこう。まずは、テーマとは何かについて考えてみよう。

ケン　テーマって、研究の方向性を示すものだよね。でも、それだけだと漠然としている感じがするなぁー。

トワエモワ　そうですね。私も環境科学のテーマを見つけるのに苦労しました。具体的には、どうやって見つければいいんでしょうか？

ケニチ　テーマ発掘のプロセスを実際に体験してみようか。まずは、自分の興味や関心をリストアップするんだ。

　ケニチが、自分の興味や情熱がどこに向かっているのかを探るプロセスを、**表3-11**を示して説明しはじめた。そして、興味や関心のリストアップからはじめることが大切だと強調した。

ケニチ　まずは「ステップ1」、興味や関心のリストアップからはじめよう。自分の心に浮かんだ言葉をどんどん書きだしてみて。

ケン　うーん、僕の興味は「生命科学、遺伝子、環境適応、進化」だな。

第3章　問うためのテーマと問題を発掘しよう　61

表３－11　テーマ発掘のステップ

ステップ	内容	実施方法
ステップ１ 興味や関心の リストアップ	自分の興味や関心、情熱の注ぎどころを反映する言葉を片っ端からリストアップする。	キーワードや短いフレーズを紙やデジタルデバイスに書きだす。最初は、ジャンルやカテゴリーを気にせずに進める。
ステップ２ 言葉のグルー プ化（KJ法）	リストアップした言葉を見渡し、どのように結びつくのかを考えながらグループ化し、可能ならグループごとに名前をつける。	各グループの言葉がどのように関連しているのかを考えて、視覚的に整理する。
ステップ３ 具体的な研究 テーマの定義	グループ化した言葉をもとに具体的な研究テーマを定義する。テーマの範囲を広くするか、絞りこむかを考え、フィット感のある表現を見つける。	二つの異なる分野を組み合わせるなど、自由に発想してテーマを見つける。最初は実現可能性を気にせず、自分にとって興味深いものを選ぶ。
ステップ４ テーマの検証 とフィードバ ック	選定したテーマを信頼できる同僚や指導者に共有し、フィードバックを求める。テーマの適切さや実現可能性についての客観的な意見を得る。	他者からの視点を取り入れることで、自分のテーマが研究にどのように役立つのかを確認し、必要に応じて修正する。

トワエモワ　私は「持続可能性、エネルギー、環境保護、教育」
　ですね。

ケニチ　次に、「ステップ２」となる言葉のグループ化を行う。
　どの言葉がどのようにつながるのかを考えながら、グループ
　ごとに名前をつけてみよう。

ケン　僕の言葉を、「生命科学」、そして「環境適応」と「進化」

に分けてみたけど。

トワエモワ　私は「持続可能性」と「エネルギー」、そして「環境保護」と「教育」という四つのグループに分けました。

ケニチ　いいね。「ステップ3」では、それらのグループをもとにして具体的な研究テーマを定義するよ。どのような組み合わせが考えられるかな？

ケン　例えば、「環境適応における遺伝子の役割」や「進化と遺伝子の相互作用」とか？

トワエモワ　私の場合、「持続可能なエネルギー教育」や「エネルギーと環境保護の統合」などが考えられます。

ケニチ　素晴らしい。最後に、それらのテーマを信頼できる同僚や指導者に共有してフィードバックをもらう「ステップ4」を行い、これでテーマ発掘が完了となる。

ケン　テーマ発掘を通じて、自分が本当に何に興味があるのかが明確になった。

トワエモワ　私も同じです。自分の興味を具体的なテーマに落としこむことで、研究の方向性が見えてきました。

ケニチ　このプロセスを繰り返すことで、より深い探究が可能になるんだ。次は、テーマから具体的な問題を特定するステップに進んでいくことにしよう。

問題とは何か──どのようにして特定するのか？

ケニチ　次に進むのは「問題とは何か？」という基本的な問いとなる。問題を特定することで研究の焦点を絞りこめるんだ。

第3章　問うためのテーマと問題を発掘しよう　63

　まずは、問題の定義について考えてみよう。

ケン　テーマと問いの間にあるのが問題なんだよね。具体的に、どのように特定すればいいの？

トワエモワ　私も、テーマから具体的な問題に絞りこむのは難しいと感じています。どんなステップを踏むといいのでしょうか？

ケニチ　それでは、問題特定の流れを見ていこう。まずはテーマと問いの関係を理解し、その間にある問題の特定方法を紹介しよう（**表3－12**参照）。

表3－12　問題特定の流れ

ステップ	内容	実施方法
情報検索	テーマの背景と現状を明らかにするために、論文、書籍、新聞記事、インターネット上の情報などを調査する。	Google Scholar、PubMed、大学図書館のオンラインリソースなどを活用して関連する文献を検索。
ギャップの特定	調査した先行研究のなかで、すでに取り組まれている問題と未解決の問題を明確にする。	関連する主要な論点や未解決の問題をリストアップし、そのなかから特に興味深いものを選定する。
興味の絞りこみ	調査した情報のなかで、自身の興味関心が高いものと低いものを区別する。	高い関心をもつ情報についてはさらに深掘りし、詳細を理解する。低い関心の情報についてもその理由を明確にし、研究の方向性をクリアにする。
問題の定義	自分にとって重要な問題と、社会的にも意義のある問題が交差するポイントを見つける。	この交差点を「私の問題」として定義し、具体的な研究計画の基盤を構築する。

ケニチが問題特定の重要性を強調し、そのプロセスを順番に説明していった。

ケニチ　まずは「ステップ1」の情報検索からはじめよう。関連する文献を調査し、テーマの背景と現状を把握するんだ（**表3−13・表3−14**参照）。

ケン　早速、Google Scholar を使ってみるよ。「CRISPR 技術[(1)]」と「がん治療」で検索してみよう。

トワエモワ　私も「持続可能なエネルギー」と「都市計画」を調査します。PubMed[(2)]や大学の図書館も活用してみますね。

ケニチ　次に、「ステップ2」のギャップの特定を行う。調査した先行研究のなかで、どの問題がすでに解決されていて、どの問題が未解決なのかを明確にするんだ。

ケン　CRISPR 技術の応用については多くの研究があるようだけど、副作用の最小化についてはまだ多くの課題が残っているよね。

トワエモワ　都市計画におけるエネルギー効率の向上については、いくつかの成功事例がある一方で、持続可能性の観点からはまだまだ改善の余地があるようです。

ケニチ　よく調べているね。次の「ステップ3」は興味の絞りこみとなる。自身の興味関心が高いものに注目して、その詳細を深掘りしていくんだ。

ケン　僕は、特に CRISPR 技術の副作用の最小化に興味があるので、これを深掘りしてみるよ。

トワエモワ　私は、エネルギー効率と持続可能性の交差点に興

第3章　問うためのテーマと問題を発掘しよう　65

表3−13　情報検索先のリスト（人文科学・社会科学）

	オンライン検索先	検索先	概要	リンク
人文科学　社会科学	学術論文、書籍	Google Scholar	学術論文、書籍の一部を検索するための総合的な学術データベース	Google Scholar
	学術雑誌、書籍、一次資料	JSTOR	人文科学や社会科学の主要な学術雑誌、書籍、一次資料を提供	JSTOR
	学術雑誌	Project MUSE	人文科学や社会科学の学術雑誌を収録するデータベース	Project MUSE
	図書館、博物館、アーカイブのデジタルコレクション	Digital Public Library of America (DPLA)	アメリカ国内の図書館、博物館、アーカイブのデジタルコレクション	DPLA
	プレプリント論文	Social Science Research Network (SSRN)	社会科学分野のプレプリント論文を提供	SSRN
	学術論文、新聞記事	ProQuest	学術論文、新聞記事、その他の資料を収録するデータベース	ProQuest
	研究報告書、データ	World Bank Open Knowledge Repository	世界銀行が発行する研究報告書やデータ	World Bank
	学術論文の要約	Sociological Abstracts	社会学や関連分野の学術論文の要約を提供	Sociological Abstracts
	日本国内の学術論文	J-STAGE	日本国内の学術論文を幅広く収録	J-STAGE
	論文検索エンジン	Consensus	AIサポートによる対話型の論文検索エンジン	Consensus
	書籍、論文、その他の資料	Internet Archive	書籍、論文、その他の資料のアーカイブ	Internet Archive
	オンライン検索先	**検索先**	**概要**	
	学術書、論文、雑誌	大学図書館	学術書、論文、雑誌、一次資料の収集に利用	
	一般書籍	公共図書館	地域の歴史や文化に関する資料、一般書籍の収集に利用	
	アーカイブ	専門機関のアーカイブ	国立国会図書館、博物館のアーカイブ	

人文科学 社会科学	オンライン検索先	検索先	概要	リンク
	政策研究、統計データ	政府機関のライブラリー	政策研究、統計データの収集に利用	
	資料	シンクタンクのアーカイブ	ブルッキングス研究所、ランド研究所などの資料	

表3-14 情報検索先のリスト（自然科学）

自然科学	オンライン検索先	検索先	概要	リンク
	学術論文、書籍	Google Scholar	学術論文、書籍の一部を検索するための総合的な学術データベース	Google Scholar
	生物医学分野の論文	PubMed	生物医学分野の論文を検索するための主要データベース	PubMed
	科学技術分野の学術論文	ScienceDirect	エルゼビア社が提供する科学技術分野の学術論文データベース	Science Direct
	プレプリント論文	arXiv	物理学、数学、計算機科学などのプレプリント論文を提供	arXiv
	学術論文の引用データベース	Web of Science	学術論文の引用データベースで、自然科学分野を網羅	Web of Science
	オンライン検索先	検索先	概要	
	学術書、論文、雑誌	大学図書館	学術書、論文、雑誌、研究報告書の収集に利用する	
	資料	研究機関のライブラリー	国立研究開発法人、研究所の資料	
	資料	専門学会のアーカイブ	アメリカ化学会（ACS）、物理学会（APS）などの資料	

味があります。この分野をさらに詳しく調査します。

ケニチ　最後に、「ステップ4」の問題の定義。自分にとって重要な問題と社会的にも意義のある問題が交差するポイントを見つけよう。

第3章　問うためのテーマと問題を発掘しよう　67

ケン　僕の問題は「CRISPR技術の副作用を最小限に抑える方法の研究」。これは、自分にとってもそうだけど、社会的にも重要な問題だと思うんだ。

トワエモワ　私の問題は「都市計画における持続可能なエネルギー効率の向上」です。これがテーマにぴったり合います。

ケン　問題を特定することで、研究の方向性が明確になったような気がする。これで、具体的な研究課題に取り組む準備が整ったよ。

トワエモワ　私も、自分のテーマから具体的な問題を見つけるプロセスが分かってきました。これからさらに深掘りして、研究を進めていきます。

　二人の進捗状況を見て、ケニチは満足げに頷いた。

ケニチ　それでは、これらの情報をもとにして問題を特定していくよ。自分のテーマと関連する未解決の問題を明確にして、具体的な研究課題に落としこんでいこう。問題を特定することで、次のステップに進む準備が整うんだ。つまり、具体的な研究計画を立てる基盤ができたことになる。そして、この問題をもとに具体的な研究課題を設定し、解決策を模索していこう。

---

(1) 標的遺伝子を簡便かつ安価に改変できるゲノム編集ツールです。
(2) アメリカ国立医学図書館（NLM）が提供する、無料の医学関連分野の文献データベースで、世界の主要な医学雑誌に掲載された学術論文を調べることができるほか、タイトル、著者名、雑誌名、抄録など、文献のデータを収集しています。

どのようにしてテーマ発掘と問題特定の
学習成果を測定するのか──次のステップは何か？

ケニチ　テーマ発掘と問題特定のプロセスを経て、得られた成果を評価するためには適切な評価基準を設けることが重要なんだ。ここでは、ルーブリックを用いて学習成果を測定する方法を紹介しよう。

ケン　ルーブリック？　どうやって使うの？

トワエモワ　具体的には、どのような基準で評価するのでしょうか？

ケニチ　それぞれのステップごとに評価基準を設けて、内発的動機の発掘から研究の位置づけまでを５段階で評価するんだ。具体的には、**表3-15**のようになるよ。

　ケニチが、ケンとトワエモワにルーブリックの使い方を説明する。

ケン　なるほど、自分の興味や情熱がどれくらい明確になっているのか、またテーマや問題がどれだけ具体的に定義されているのかを評価するんだ。

トワエモワ　これなら、自分がどこでつまずいているのかが明確になりますね。評価基準がはっきりしていると、自分の進捗状況を客観的に見直すことができます。

ケニチ　そのとおり。早速、私たちのテーマ発掘と問題特定の成果をこのルーブリックで評価してみよう。

第3章　問うためのテーマと問題を発掘しよう　69

　3人は、それぞれ内発的動機の発掘からはじめ、次にテーマの特定、先行研究の調査、問題の特定、研究の位置づけを順番に評価していった。

表3−15　学習成果ルーブリック

1. 内発的動機の発掘のマイルストーン：到達度（0−5点）	
0−1点	自己の興味や情熱についての理解が不十分。
2−3点	自己の興味や情熱についてある程度の理解があるが、具体的な動機が曖昧。
4−5点	自己の興味や情熱について深く理解し、具体的な動機が明確に言語化されている。

2. テーマの特定のマイルストーン：到達度（0−5点）	
0−1点	テーマが曖昧で、具体的な分野や範囲が不明確。
2−3点	テーマがある程度明確だが、具体性に欠ける。
4−5点	テーマが非常に明確で、具体的な分野や範囲がはっきりしている。

3. 先行研究の調査のマイルストーン：到達度（0−5点）	
0−1点	先行研究の調査が不十分で、関連する文献が少ない。
2−3点	先行研究の調査がある程度行われているが、深掘りが不足している。
4−5点	先行研究の調査が十分に行われ、多くの関連文献が収集されている。

4. 問題の特定のマイルストーン：到達度（0−5点）	
0−1点	問題が曖昧で、具体的な課題が不明確。
2−3点	問題がある程度明確だが、具体性に欠ける。
4−5点	問題が非常に明確で、具体的な課題がはっきりしている。

5. 研究の位置づけのマイルストーン：到達度（0-5点）	
0-1点	研究の位置づけが不明確で、学術的・社会的意義が不明。
2-3点	研究の位置づけがある程度明確だが、学術的・社会的意義が不十分。
4-5点	研究の位置づけが非常に明確で、学術的・社会的意義がはっきりしている。

6. 結論と振り返りのマイルストーン：到達度（0-5点）	
0-1点	セッションの結論や振り返りが不十分で、学びの統合が見られない。
2-3点	結論と振り返りが行われているが、参加者の理解や次のステップへの展望が不十分。
4-5点	結論と振り返りが詳細に行われ、参加者が得た学びが明確にまとめられ、今後の活用方法についての具体的な案が提示されている。

トワエモワ それぞれのステップで得られた結果を見直し、改善点を見つけていくのが楽しみです。

ケニチ 評価を通じて、さらに深い理解と具体的なアクションプランを作成していこう。このルーブリックを活用すれば、より効果的な研究計画を立てることができるんだ。さて、ここまでテーマ発掘と問題特定のプロセスをひと通り見てきたわけだけど、ちょっと振り返ってみようか。

ケン 最初は、内発的動機の探究からはじまった。自分が本当に興味をもっていることが何なのかについて深く考えることで、研究の基盤が固まったような気がする。

トワエモワ うん、過去の経験や現在の興味、そして将来の希

望を洗いだしていくなかで、自分の動機がどこから来ているのかがはっきりと見えてきました。

ケニチ　そうだね。内発的動機を明確にすることで、研究や探究のテーマを設定する基盤ができた。そして、そのテーマを掘り下げていくというプロセスが、次のステップへとつながったわけだ。

ケン　テーマ発掘では、興味や関心をリストアップして、それを具体的なテーマに落としこむ作業が特に役立った。自分の思考が整理されて、テーマがより具体的になったように思えるよ。

トワエモワ　私は、言葉のグループ化を通じて、自分のテーマがどのように関連しあっているのかが理解できました。それをほかの人にフィードバックしてもらうことで、さらにブラッシュアップできたというのも大きかったです。

ケニチ　いいね。テーマがしっかり固まると、次はそのテーマから具体的な問題を特定する段階へと進んだ。この段階では、情報検索が非常に重要だったね。

ケン　情報検索を通じて、すでに解決されている問題と、まだ解決されていない問題を整理することで、自分が取り組むべき課題が見えてきたよ。

トワエモワ　そうそう、それによって自分が本当に興味をもっている問題に焦点を当てることができました。テーマと問題の関係が明確になったことで、研究の方向性がぐっと具体的になった感じがします。

ケニチ　そして、最後に、その成果を評価するためにルーブリ

ックを使った。これを使うことで、自分たちの研究がしっかりと進んでいるのか、どの段階で改善が必要なのかがはっきり分かったと思うけど、どうかな？

ケン　自分の興味や情熱がどれだけ明確になっているのか、テーマや問題がどれだけ具体的に定義されているのかも確認できた。

トワエモワ　確かに、評価基準があると、自分の進捗を客観的に見直すことができるのがいいですね。これで、次に進むべき道筋がはっきりしました。

ケニチ　まさに、そのとおり！　テーマ発掘と問題特定のプロセスを通じて、研究や探究の基盤がしっかりと築かれたことになるんだ。この基盤をもとに、次は具体的な問いをつくりあげていこう。

ケン　次のステップでは、問いづくりが待っているわけだよね。楽しみだなー。

トワエモワ　私も楽しみです。ここまでのプロセスをしっかり活かして、次は問いづくりに挑戦しましょう！

ケニチ　威勢がいいね。次章では、民主的かつ共創的な問いづくりの手法を学びながら、さらに探究を深めていくことにしよう。

　夕暮れ時、朝に参拝した八坂神社のほうへ戻ることにした。さすがに、この時間ともなると参拝者は少ない。ケニチと仲間たちは、今日の議論で見つけたテーマと問題を胸に、それぞれが帰路に就いた。

陽が落ちた円山公園に差し掛かると、「いもぼう平野屋本店」の灯りだけ輝きを増していた。その横を通り、知恩院の三門前に出ると、一番星が空に輝きはじめ、夜の訪れを知らせる。次なる探究のステージが彼らを待っていることを心に描きながら、ケニチは立ち止まり、三門を見上げた。そして、それぞれが進むことになる道を、明日へと続く旅路を心に刻みつつ、歩みを進めた。

COLUMN 3

問いをめぐる冒険譚
——「アートは何を表現するのか？」

　芸術家パブロ・ピカソ（Pablo Ruiz Picasso, 1881～1973）はこの問いを通じて、20世紀の芸術に革命をもたらしました。彼がこの問いを深く探究することで「キュビスム」という新たな視点が生まれ、アートの本質が再定義されたわけです。

　ピカソの問いは、私たちが自分自身の視点や価値観を広げる手助けをしてくれます。例えば、ゴッホの『星月夜』やモネの『睡蓮』といった作品を観ながらこの問いについて考えれば、アートの背後にある感情や思想をより深く理解できるようになるでしょう。

　ピカソが投げかけた「アートは何を表現するのか？」という問いは、単に芸術作品を観るだけでなく、私たち自身の問いを見つけ、それを追求するための大切なヒントを提供してくれます。日常生活や教育現場にこの問いを取り入れることで、私たちの思考や創造力はさらに豊かになります。

付録1 テーマ発掘（ワークシート）

1：興味関心のあることを「キーワード」で洗いだす（5分間）

2：1の言葉を用いて、あるいは1に関連する内容で「問い」をつくる（10分間）

3：問いの背景や前提、キーワードにまつわる個人的な理由を言語化する（15分間）

4：何について探索するのか？　そして、それはなぜだろう？

第3章　問うためのテーマと問題を発掘しよう　75

付録2　問題の特定／研究の焦点化（ワークシート）

1：何について探索するのか？　そして、それはなぜだろう？（テーマ発掘ワーク：成果物）

2：1のテーマから、キーワード＋コンセプトを抽出する（10分間）

3：「問いの焦点」初期案を策定する（10分間）

4：「問いの焦点」最終案を策定する（10分間）

第4章

QFTで問いと仮説をつくろう

本章における問いの焦点——問題から出発して、問いと仮説を民主的かつ共創的につくる。

16歳のあなたへ——問いづくりこそが、学習者それぞれの学びだけでなく、学習者同士が、そして時には教師と学習者がともに学びあうための、極めて有効な手段だということを知ってほしい。これから紹介する問いづくり技術を通じて、一緒に学びのプロセスを体験しよう。

＊　＊　＊

　京都市の北部、宝ヶ池公園。朝の静けさのなか、色づきはじめた木々が秋風に揺れ、葉がひらひらと舞い落ちてきた。ケニチは散歩を終え、公園のベンチでひと息ついていた。遠くに見える比叡山の山肌も少し色づいているようで、秋の深まりを感じさせる。

　散歩から自宅に戻り、書斎に入ったケニチは、コーヒーを淹れてデスクに向かう。窓から差しこむ朝日のなかで、今日の探究が新たな視点をもたらすことを期待していた。

　北山通では、街が目を覚ましはじめるが、ケニチは静かに集中し、ノートに新たな問いを描きだし、今日も問いをめぐる冒険に踏みだしていくための準備をしていた。

問い、そして仮説とは何か？

ケニチ　さあ、これからが本番だ。テーマと問題を見つけたので、ここからは探究の核心に入っていくことになる。

ケン　テーマを広げて問題を深めたら、次は問いと仮説をつくるんだよね。それがどれだけ重要か、よく分かってきたよ。

トワエモワ　具体的な問題に対してどのような問いを立てるのか、それが研究の方向を決定づけるんですね。

ケニチ　そのとおり。そして、その立場には二つのアプローチがあるんだ。一つは「評価・評論」の立場。これは、問題に対して批判的な視点をもち、既存の知識や理論を評価するというもので、もう一つは「研究・探究」の立場。こちらのほうは、問題に対する新しい知識や解決策の追求を目的としているんだ。

ケン　うん、ここでは批評家になるのではなく、解決策を見つける探究者として進んでいこう。

トワエモワ　具体的な問いと仮説を立てて、それを実証していくことで新しい知識を生み出すんですね。

ケニチ　そういうこと。では、具体的なテーマと問題を使って、問いと仮説を見ていこう（**表4 - 1**参照）。

ケン　問いが具体的になれば、仮説も立てやすくなるね。

トワエモワ　そして、その仮説を検証するための実証活動が研究の核心部分になるんですね。

第4章 QFTで問いと仮説をつくろう 79

表4−1 テーマ、問題、問い、仮説の具体例

テーマ	問題	問い	仮説
経済学	円安ドル高による経済への負の影響	円安ドル高が日本の消費者の購買行動にどのような影響を与えるのか？	円安ドル高は、日本の消費者の購買行動を抑制する。
生命科学	ゲノム編集技術の法制化の遅れ	ゲノム編集による農産物品種改良に対する社会的認識はどのように変化しているか？	ゲノム編集技術に対する社会的認識は、教育の普及に伴って好意的に変化する。
SDGs	コロナ禍などにより、貧困の解消が進んでいない	コロナ禍が貧困解消の妨げになるのはなぜか？	経済停滞が最大の要因である。

ケニチ そう。適切な問いと仮説を立てることが成功への第一歩だ。仮説は、問いに対する具体的な答えや予測を示すものだ。仮説を立てることで、研究の方向性が明確になるんだ。

ケン たとえ仮説が間違っていても、それを検証することで新しい発見があるんだよね。

トワエモワ 仮説をもつことで、研究の進行状況を評価し、必要な調整を行う基準にもなるわけですね。

ケニチ 仮説を検証するための実証実験が重要になる。具体的な計画を立て、データを収集して分析するんだ。

ケン 実証実験の計画はしっかりと立てないとね。

トワエモワ 実験がうまくいけば、仮説が正しかったことが証明されるし、うまくいかなくても新しい知見が得られる。

QFT とは何か？

このセクションでは、私が2016年2月に初めて出合い、衝撃と啓示を受けた問いづくり技術「QFT（Question Formulation Technique）」について、その来歴と方法論の概要を説明する。

QFT を紹介する書籍『MAKE JUST ONE CHANGE（日本語翻訳版『たった一つを変えるだけ』）』で、著者のダン・ロススタインとルース・サンタナは次のように主張している。

「すべての生徒が問いをつくるスキルを教わるべきであり、このスキルは標準的な学校教育の方法論にシームレスに組みこむことができる」（Harvard Education Press. Kindle 版、10～21ページ。筆者訳）

この視点は、自分には適切な問いを立てる能力がないため学校に行きたくない、そして、子どもたちの教育に関与できないと感じていた低所得者コミュニティーの親たちとの話に影響されて生まれたものである。

QFT は、生徒たち自らが問いを生み出し、それを戦略的に使用する生涯学習のスキルとして「問いをつくる力」の重要性を強調している。適切な指導さえあれば、誰もが問いづくりのスキルを向上させることができるし、それによって高次の思考が促進されることになる。

ケニチ　さて、みんな、今日は QFT という素晴らしい問いづくりの技術を学ぶことにする。これは、ただの技術じゃなく

て思考の道具なんだ。

トワエモワ　QFT って何ですか？

ケニチ　QFT とは「Question Formulation Technique」の略で、自分たちで問いをつくるための技術なんだ。これを使えば、さらに深い探究ができるんだ。

　QFT は、1980年代後半にマサチューセッツ州の低所得コミュニティーでの経験から生まれました。親たちは、子どもたちの教育にかかわりをもつための問いを立てる能力が不足していると感じていました。

　当初、2人の著者は、親たちに役立ててもらえるように具体的な問いを提供しようと試みましたが、すぐに、必要なのはあらかじめ用意された問いではなく、自分自身で問いをつくりだせるスキルを教えることだと気づきました。この発見から、2人は20年に及ぶ試行錯誤の旅を開始し、非営利団体「Right Question Institute（RQI）」を創設したのです。

　QFT は、エッセイの執筆、研究、さらには宿題の作成など、様々な場面における取り組みを支援するために、多様な設定のもと、成功裏に実施されてきました。既存の学習計画をそのままに、その教育効果と学習成果を大幅に高め、より広範な教育目標を達成する際に役立つであろう可能性を含んだものとなっています。

　1990年代後半、QFT はニューハンプシャー州の成人教育プログラム「GEO[1]」や「ESL プログラム[2]」に導入され、学校教育の現場でその価値が明らかとなりました。

QFT によって自らの問いを形成しはじめるようになった大人の学習者が、自らの学習における「自信」、「理解」、「責任」を高めていることが徐々に明らかとなり、この方法論がもつ変革的な可能性を教育者たちが認識するきっかけとなりました。

教育界におけるこの成功はアメリカ全土へ拡大していき、イェール大学での研究は、QFT が政治への市民参加に関してポジティブな影響をもつことを指摘しています。また、非営利団体「RQI」は、「マイクロデモクラシー」という概念を提示し、QFT によるマイクロデモクラシーの推進を様々な分野において続けています。

主な QFT の応用例を紹介しておきましょう。

❶成人基礎教育（ABE）——読み書きや数学などの基礎的なスキルの向上を目指し、個人的な成長や雇用機会の拡大、さらに教育を受けるために必要とされるリテラシースキルを向上させたい成人を対象としています。

❷第二言語としての英語（ESL）——英語を母国語としない人々が、英語を「話す、聞く、読む、書く」といったスキル向上のために設計されたものです。日常生活や就業のために英語を学ぶ必要がある移民や難民にとっては、非常に重要なものとなっています。

❸高等学校卒業同等資格（GED ／ HiSET）——高校を卒業していない成人のために、GED または HiSET 試験の準備プログラムを提供しています。これらの試験は「高校卒業証書」

と同等の資格を提供し、数学、科学、社会学、言語芸術など
の科目をカバーしています。

　ちなみに、合格すると、より良い仕事の機会、より高い賃
金、さらなる教育の追求が可能になります。

❹**成人卒業証書プログラム（ADP）**——成人が高校の卒業
証書を取得するためのものです。成人学習者向けにカスタマ
イズされた、より伝統的な高校教育の道を望む人々に対応し
ています。

　ニューハンプシャー州の成人教育プログラムは、対面、ハ
イブリッド、オンラインクラスなど、様々な形式で提供され
ています。通常、これらのプログラムは無料で提供されてお
り、参加者が学業やキャリアの目標を達成し、地域社会の積
極的な参加者となることをサポートしています。

　詳細については、「ニューハンプシャー州成人教育局」ま
たは「ニューハンプシャー州成人教育」のウェブサイトを参
照してください。これらのサイトには、特定のプログラム、
場所、および登録方法に関する情報が掲載されています。

（前掲原書、Harvard Education Press. Kindle 版、10〜21ペ
ージ。筆者訳）

⑴　（General Educational Development）アメリカまたはカナダにおいて、5
　教科の試験に合格し、後期中等教育の課程（high school など）を修了した
　者と同等以上の学力を有することを証明するための試験です。
⑵　まったく英語が話せない人から、初中級レベルの人を対象にしたプログラ
　ムです。

84

表4-2　QFTの七つのプロセス

プロセス	ねらい（上段）／実施内容（下段）	企画と実施にあたっての検討事項
①問いの焦点をつくる	学習者が問いを思いつくための触媒として機能し、新しいアイデアや考え方を刺激する。	引き金となる要素、発問との対比、明確な焦点、新しい思考の誘発、中立性、効果的な焦点の設定、目的と文脈の考慮、多様な候補の検討。
	短い文章、写真、動画、図などの視覚的・聴覚的教材を準備する。	
②問いづくりのルールを理解する	民主的な問いづくりを行うためのルールがあることを理解する。	ルールについての話し合い（事前）と振り返り（事後）による学習者一人ひとりへの落とし込み。
	たくさんの問いをつくる。問いについて話し合ったり、評価したり、答えたりしない。問いは発言のとおりに書き出す。意見や主張は疑問文に直す。	
③問いをつくる（発散思考の段階）	グループで問いを思いつくままに出し合い、クリエイティブな発想を促進する。	グループ分け、問いの焦点の提示、問いづくりの開始指示、問いづくりの見守り。
	グループ分け、問いの焦点の提示、問いづくりの開始指示と監視。	
④問いを改善する（収束思考の段階1）	作成された問いを精査し、より明確で具体的なものに改善する。	「閉じた問い」と「開いた問い」のメリットとデメリット理解と、戦略的な問いのリストづくり。
	閉じた問いと開いた問いの定義の紹介、問いの分類、長所と短所の議論。	
⑤問いに優先順位をつける（収束思考の段階2）	重要な問いに焦点を絞り、優先順位をつける。	問いの使い道に照らしての方向付けのあり方と、その提示のタイミング。優先順位づけのための合意形成プロセスの多様性。
	優先順位をつける指示の提供、優先順位の高い問いの選択、選んだ問いの理由の明確化。	
⑥問いの用途を考える	作成された問いがどのように活用されるかを考え、目的や文脈に応じて調整する。	活用の重要性、学習者による問いの利活用、コーディネーターや登壇者による問いの利活用、共同での問いの利活用。
	教師主導、学習者主導、あるいは両者の協働による問いの用途、問題解決学習への移行。	

プロセス	ねらい（上段）／実施内容（下段）	企画と実施にあたっての検討事項
⑦学びを振り返る	プロセス全体を振り返り、学びや改善点を特定します。	継続的なスキルの使用、学習者の意識づけ、知識・感情・行動レベルの振り返り。
	知識のレベルの変化、感情レベルの影響、行動レベルの変化などの言語化。	

ケン これが QFT か……。自分で問いをつくるのって、思ったよりも具体的な流れになっていて、なんだか楽しそう。

トワエモワ 自分で考えた問いをもとに議論するというのは、いつもと全然違う感じがしますね。

ケニチ 自分たちで問いをつくることで、より主体的に学ぶことができるんだ。これが QFT の力なんだよ。

　QFT の七つのプロセスを通じて、学習者は以下の思考プロセスを体験することになる（**表4−2**参照）。

発散思考——多くの問いを自由に出すことで、創造的な思考を促進する。

収束思考——出された問いを精査し、改善し、優先順位をつけることで思考を整理する。

メタ認知——プロセス全体を振り返り、学びや改善点を特定することで自分の思考プロセスを客観的に見つめ直す。

　広大な知識の森を探る旅のなかで、ケニチ、ケン、そしてトワエモワは、「問いの秘宝」を見つけるための冒険を進めていった。彼らの目的は、この秘宝を見つけだし、問いを通じて学びを深める方法を世界に広めることとなる。

ケニチ さあ、出発の準備はできたかな？ この旅は単なる冒険ではなく、私たち自身を深く知るための旅となる。

ケン はい、僕はこの旅で自分の問いを見つけたいと思っている。どうやって問いを立てるのか、その方法を学ぶのが楽しみだね。

トワエモワ 私は、この問いをめぐる冒険に参加するずっと前からQFTがもつ可能性について聞いたことがあります。"Question Formulation Technique" は、私たちの探究を導いてくれる技術ですよね。

ケニチ 早速、その技術の概要を話そうか。QFTの理念は、誰もが自ら問いを立てる力をもっているという信念に基づいているんだ。その力を引き出すことで、学びと成長を促進することができるんだ。

ケン 問いを立てる力って、具体的にはどういうことなの？

ケニチ 簡単に言えば、自分で疑問をもち、それを探究すること。この能力は生まれつき備わっているんだけど、育てられないと埋もれてしまうんだ。

トワエモワ つまり、私たちは、自らの問いを通じて学び、成長できるということですね。

ケニチ そのとおり。QFTの目的は、学習者が主体的に問いを立て、その問いに対して深く考え、答えを見つけるプロセスを支援することなんだ。このプロセスを通じて、高次の思考能力が育まれるんだ。

ケン 具体的に、どうやってその問いを立てるプロセスを進めるの？

第4章　QFTで問いと仮説をつくろう　87

ケニチ　QFTには七つのプロセスがある。まずは、問いの焦点をつくることからはじめよう。これによって、私たちが探究したいテーマや問題を明確にすることができるんだ。

トワエモワ　問いの焦点をつくるんですね。それがあれば、どんな問いを立てるべきかが見えてきます。

ケニチ　そうだね。そして、次は問いづくりのルールを理解する。これは、効果的な問いを生み出すためのガイドラインを学ぶプロセスとなるんだ。

ケン　問いをつくるためのルールがあるんだー。これは重要そうだね。

ケニチ　その次が、実際に問いをつくる段階。ここでは、制限を設けずに自由に問いを出してもらうことにする。

トワエモワ　クリエイティブな思考を促進するために必要なんですね。

ケニチ　そのとおり。その後、作成された問いを改善するプロセスが続き、「閉じた問い」と「開いた問い[3]」に分類し、

---

(3)　「閉じた問い」には、YES ／ NO で答えられる問い、選択肢から選べる問い、短い言葉（単語、用語など）で答えられるものなどがあります。例えば、「ここは京都ですか？」、「あなたは日本人ですか？」などです。一方、「開いた問い」には、YES ／ NO では答えられないほか、明確な答えが定まっていないものがあります。例えば、「京都にはどんな魅力がありますか？」、「日本人の特徴はなんですか？」などです。なお、同じ問いであっても、問いを立てた側がもつ意図（閉じたものとして問うたのか、開いたものとして問うたのか）と、答える側の受け止め方（閉じた問いとして受け止めるのか、開いた問いとして受け止めるのか）がマッチしないことがしばしばあります。例えば、「あなたの好きな色は何ですか？」という問いは、青、赤、黄色など特定の色で答えられる一方で、「〜のようなくすんだ緑色」といったように、個人的な感覚や思いを言語化して答える場合があります。

それぞれの長所と短所を議論するんだ。

ケン　問いを改善することで、より深い探究が可能になるんだね。

ケニチ　そういうこと。そして、最も重要な問いに優先順位をつける。これによって、探究の焦点が明確になるんだ。

トワエモワ　優先順位をつけることで、効率的な探究ができるんですね。

ケニチ　その後には、問いの用途を考えるプロセスが待っている。これは、作成された問いがどのように活用されるのかについて考える段階となる。

ケン　問いを実際に使う方法を考えるんだよね。

ケニチ　そういうこと。最後は、学びを振り返るプロセス。これまでのプロセスを振り返り、学んだことや改善点を特定するんだ。

トワエモワ　振り返りも重要ですね。次に進むための準備ができます。

ケン　なるほど、QFT の七つのプロセスが僕たちの探究を導いてくれるんだ。さあ、いよいよ出発だ！

ケニチ　この森の奥には、私たちがまだ知らない無限の可能性が広がっている。さあ、探究の旅に出発しよう！

　こうして一行は、QFT の理念とプロセスを胸に、知識の森を探究する旅に出発した。彼らの冒険は、自らの問いを通じて新たな世界を発見するための旅となった。

　さて、彼らに行き着く先は……。

QFT がもたらすものは何か？

ケニチ　QFT が学習者にもたらす具体的な成果と効果を見ていくことにしよう。この旅の目的は、本質を追究する思考力や民主的な問いづくりのプロセスを通じて、個人および共同体としての知識がどのように深化し、拡張されるのかを理解することになる。

ケン　どんな冒険になるんだろう。とてもワクワクするね。

トワエモワ　早く一緒に学びたいです。どのように進めればいいのでしょうか？

ケニチ　まずは、QFT が育む八つの能力と資質を見ていく。これらは、普遍的な基準として設定されているんだ。

ケン　**表4−3**を見ると、「編集力」の重要さが分かるよ。歴史的な文脈を再構築する力なんて、探偵みたいだね。

ケニチ　そうだね。探偵のように情報を集めて分析し、新しい洞察を得ることが大切なんだ。

トワエモワ　次の「本質を追究する思考力」（**表4−4**）は、ニュースや情報の真偽を見極める力にもつながりますね。

ケニチ　そのとおり。現代社会では、情報の信頼性を評価するだけの思考力がますます重要になっているんだ。

ケン　さらに、科学者だけじゃなく、ビジネスや政策立案にも「仮説を立てる力」が必要とされるんだ（**表4−5**）。

ケニチ　そのとおり。どの分野でも、仮説を立て、それを検証する力が新しい知見や解決策を生み出すために重要なんだ。

90

表4-3　知識と技術の理解および編集力

ジャンル	活用例
人文・社会科学	文化や歴史的文脈を通じて人間の行動を理解し、過去の出来事からの情報を抽出、現代の事象に対する影響を分析、未来の予測のための知識を再構築（歴史的／文化的文脈の分析）。社会政策や人間の行動に関するデータを分析し、政策形成と批判的分析を行う。
自然科学	研究や実験を通じて新しい発見を行い、新しい情報を既存の知識フレームワークに組み入れ、関連性や影響を評価（研究と実験）。科学者やエンジニアは、新しい技術を開発し、基本原理の理解、既存の技術の評価、新しいコンセプトへの創造的な適用を行う（テクノロジーの応用）。
実社会	企業家やマネージャーは新しい挑戦や状況に直面し、過去の経験と現在のデータを用いて問題を解決（問題解決）。新製品の開発や市場戦略の作成、コミュニティープロジェクトの開始などで、関連する情報と知識を編集し、新しいアイデアを見つけだす（イノベーションと創造性）。

表4-4　本質を追究する思考力

ジャンル	活用例
人文・社会科学	異なる視点や理論を評価し、矛盾やバイアスを識別、多元的な視点の理解を通じてより洞察に富んだ結論に到達（多元的な視点の理解）。社会政策、人間の行動などのデータを分析し、仮説を検証し、証拠を基にした説得力のある主張を形成（社会的・政治的分析）。
自然科学	実験、観察、仮説の検証を通じて新しい知識を生み出し、偏見のないデータの収集、解釈、そして結論の形成（科学的方法の適用）。新技術がかかわる場合、リスクや倫理的ジレンマを評価し、事実と仮説の厳格な分析（技術的・倫理的問題の解決）。
実社会	ビジネスリーダーや政策立案者は、利点と欠点の評価、リスクの予測、最も実行可能な解決策の選択を補助（意思決定と問題解決）。個人としては、情報の信頼性を評価し、フェイクニュースやバイアスから自分を守るためのスキル（マスメディアとの向き合い方）。

第4章　QFTで問いと仮説をつくろう　91

表4－5　仮説の生成および検証力

ジャンル	活用例
人文・社会科学	過去の出来事や文化的文脈を理解するために仮説を立て、文献、遺物、他の証拠を用いて検証（文化研究や歴史分析）。社会的相互作用や人間の行動について仮説を立て、調査やデータ分析を通じて検証（社会現象の解明）。
自然科学	実験的な研究では、観測に基づいて仮説を生成し、実験や科学的方法を用いて検証（科学的研究）。エンジニアや技術者は、新技術の可能性に関する仮説を設定し、プロトタイピングやテストを通じて検証（技術開発）。
実社会	企業は市場の動向や消費者の行動に関する仮説を立て、マーケティング戦略や製品開発に役立てる（ビジネス戦略）。政策立案者は、特定の政策が社会に及ぼす影響についての仮説を立て、データ分析やフィールド調査を通じてその効果を測定（公共政策）。

表4－6　コミュニケーション力

ジャンル	活用例
人文・社会科学	研究結果を明確に、説得力をもって伝える（研究発表とディスカッション）。生徒や参加者との間で意味のある対話を行い、フィードバックを提供する（教育とファシリテーション）。
自然科学	科学的な発見や理論を明瞭かつ正確に伝える（科学的コミュニケーション）。多様な専門知識をもつチーム内での、オープンで効果的な対話（協働研究）。
実社会	顧客、クライアント、ステークホルダーとの効果的なコミュニケーション（ビジネスコミュニケーション）。地方自治体や非営利組織は、公共の利益を代表してコミュニケーションを行い、信頼関係の構築や情報の提供を行う（公共サービスとコミュニティーエンゲージメント）。

トワエモワ　「コミュニケーション力」はどんな場面でも大切
ですね。特に、異なる専門分野の人々と話す時に重要そうな
感じがします（**表4−6**参照）。

ケニチ　まさしく、だね。効果的なコミュニケーションは、お
互いの協力と理解を促進し、共通の目標に向かって動くため
の基盤となる。ただ、注意しなければならないことがある。
どのジャンル（文脈）においてもそうだが、コミュニケーショ
ンにおいて使用される言葉の定義を全員が知っているとは
かぎらないので、それを補足するための準備が必要になる。

表4−7　多角的および複眼的思考力

ジャンル	活用例
人文・社会科学	異なる時代、文化、社会経済的背景からの証拠や記録を比較検討し、包括的で公正な歴史解釈（歴史的分析）。社会問題や現象を複数の理論を適用して解析（社会学的研究）。
自然科学	生態学、地質学、気象学など、複数の科学分野からの知見を統合し、環境問題の原因と解決策を見いだす（環境科学の調査）。患者の生活習慣、遺伝的要因、心理的側面を含めた包括的な診断や治療プラン（医学研究）。
実社会	経済的、社会的、文化的要素を考慮し、利害関係者の異なる視点を理解することで効果的な政策を形成（政策立案）。市場動向、顧客のニーズ、競合他社の戦略など、多様な要素を分析し、ビジネスの機会を最大化（ビジネス戦略の策定）。

ケン　（**表4−7**を見て）驚いた！　「多角的な視点」をもつこ
とが公正な理解や解決策につながるんだね。

ケニチ　そう、異なる視点を取り入れることで、より広範でバ
ランスの取れた判断が可能になるんだ。

第4章　QFTで問いと仮説をつくろう　93

表4−8　問題解決力

ジャンル	活用例
人文・社会科学	法律の解釈と適用を通じた問題解決（法的分析）。利害関係者間の対立を解決するための戦略を考案（社会的対立の解決）。
自然科学	実験計画、データ収集、結果の分析を通じた科学的問題の解決（科学的研究）。症状や診断テストの結果に基づいた健康問題の診断と治療法の決定（医療診断）。
実社会	組織内の問題を戦略的かつ創造的に解決（組織内の問題解決）。コミュニティーの問題を特定し、対策を講じる（コミュニティーサービス）。

トワエモワ　一方、この「問題解決力」（**表4−8**）は日常生活や職場でも役立ちそうですね。

ケニチ　問題解決力は、現実の課題に直面した時に効果的な解決策を導きだすための中核的な能力となる。

表4−9　新価値創造力

ジャンル	活用例
人文・社会科学	作家や芸術家が新しい洞察や解釈を提供する作品を通じて新しい価値を創造（文化的創造）。社会問題を解決するための新しい戦略やプログラムの開発（社会的イノベーション）。
自然科学	科学的課題に取り組み、新しい技術や製品、科学的理論の進歩を目指す（研究と開発）。新しいアプリケーションやデバイスを開発し、日常生活やビジネスのプロセスに革命をもたらす（技術革新）。
実社会	市場ニーズを満たす新しいサービスや製品を創出する（起業家精神）。学習者が知識を吸収し、スキルを獲得する新しい方法を模索（教育の革新）。

ケン 表4-9を見て思ったんだけど、「新しい価値を創造する」って、すごくクリエイティブなことだと分かるよ。

ケニチ そうだね。新しい価値を創造する力は、既存の枠組みを超え、新しいアイデアや解決策を生み出す能力だとも言えるんだ。この力がないと、現代社会で頭角を現すのが難しくなるだろうね。

トワエモワ ところで、現在よく言われている「生涯学習力」ですが、その言葉どおり、一生学び続ける意欲と能力のことなんですね。

ケニチ 生涯学習力は、知的好奇心をもち続け、新しいスキルや知識を習得し続けるために不可欠となる。カルチャーセンターなどに行くことをすすめているわけではなく、日常の生活において十分育むことができる（**表4-10**参照）。

それでは次に、問いづくり学習と新学習指導要領の関係を見ていくことにしよう。

表4-10　生涯学習力

ジャンル	活用例
人文・社会科学	新しい理論や文献に常に精通し、知的な範囲を拡大（継続的教養）。社会的・政治的変化に適応し、現代の問題について継続的に学ぶ（社会的関与）。
自然科学	新しい科学的発見や技術的進歩を学び、それを自分の仕事に適用（技術と方法の更新）。関連分野の進歩にも目を向け、多角的な視点をもつ（研究の連続性）。
実社会	労働市場の変化に対応し、自己のスキルを更新（職業的発展）。新しい情報やスキルを学び、変化する状況に対応し、充実した生活を送る（個人的成長と適応性）。

第4章 QFTで問いと仮説をつくろう 95

表4−11 問いづくりと新学習指導要領「資質・能力の三つの柱」の関係

資質・能力の三つの柱	問いづくり学習に期待される効果
知識・技能の習得	問いづくり学習の「深い理解と知識の整理・編集力」は、知識や技能を有意義に整理し、有用な形で適用する能力を意味する。知識の単なる習得だけでなく、その知識をいかに生徒自身の問いに結びつけて理解し、活用するかが重視される。
思考力・判断力・表現力の育成	問いづくり学習の「批判的思考力」、「仮説生成と検証力」、「多角的・複眼的思考力」は、状況を分析し、適切な判断を下し、その思考を表現する能力と直結している。受動的な学習から能動的な学習へのシフトを促進する内容を含むべきである。
学びに向かう力・人間性の涵養	問いづくり学習の「生涯学習力」、「問題解決能力」、「新価値創造力」は、自律的に学習を続ける姿勢と社会的な意識を含んでいる。学習者が社会的に有意義な問いを立て、倫理的かつ社会的に責任ある人間として成長することを促す。

ケン 表4−11を見て、新しい学習指導要領と問いづくり学習の関係性が分かった。すべてがつながっているんだ。

ケニチ そうなんだ。一つの能力の発達がほかの能力の発達に寄与することを認識し、教育設計において考慮することが重要になるんだ。

トワエモワ この冒険を通じて、まずはQFTの素晴らしさとその効果がよく分かりました。

ケニチ そう言っていただけるとうれしいね。これからも一緒に学び続けよう。さて、QFTの実践編に進もうか。

ケン もちろん！ どんな実践が待っているのか楽しみだね。

どのようにして QFT を行うのか？

ケニチ　さて、ここからは QFT の実践編となる。テーマは「生成 AI 時代における問いづくり」とする。これから、私がファシリテーターとしてみなさんを導き、QFT を実践していくことにする。

ケン　了解！　どんな問いが生まれるんだろう。

トワエモワ　生成 AI 時代という新しい時代の問いづくり、本当に興味深いです。

あいちゃん　私も一緒に学びます。よろしくお願いします！

ステップ1　問いの焦点を学習者に提示する

ケニチ　まずは、問いの焦点を決めよう。生成 AI 時代における問いづくりのテーマをいくつか提案するね。例えば、以下のようなものが挙げられる。

・生成 AI との協働と共創
・生成 AI 時代にやってはいけない仕事の仕方
・生成 AI 時代における意思決定

ケン　生成 AI との協働と共創について話してみたいよ。

トワエモワ　私は、生成 AI 時代にやってはいけない仕事の仕方に興味があります。

あいちゃん　生成 AI 時代における意思決定も、重要なテーマですね。

ケニチ　どの焦点も興味深いんだが、今回は「生成 AI との協

働と共創」を焦点にする。この焦点に基づいて、問いをつくっていこう。

ステップ2 問いづくりのルールを理解する

ケニチ　まずは問いづくりのルールを説明しよう。以下の四つのルールを守って進めてほしい。

①できるだけたくさんの問いをつくる。

②問いについて話し合ったり、評価したり、答えたりしない。

③問いは発言のとおりに書き出す。

④意見や主張は疑問文に直す。

ケン　OK！　たくさんの問いを出すよ。

トワエモワ　自由に問いをつくるのが楽しみです。

あいちゃん　私も、できるだけたくさんの問いをつくります。

ステップ3 問いをつくる（発散思考の段階）

ケニチ　では、グループに分かれて問いをつくっていこう。できるだけ多くの問いをつくってほしい。

（**グループA**：ケン、トワエモワ）

・生成AIとの協働で新しい職業は生まれるのか？

・生成AIと人間の仕事、その役割分担はどうなるのか？

・生成AIが共創するプロジェクトの成功要因は何か？

（**グループB**：あいちゃん）

・生成AIとどのように効果的にコミュニケーションを取るべきか？

・生成 AI の倫理的な使用ガイドラインはどうあるべきか？

・生成 AI と共創する際のリスクは何か？

ステップ4 問いを改善する（収束思考の段階1）

ケニチ　作成された問いを精査し、より明確で、具体的で、探究的なものに改善する。まずは、問いを「閉じた問い（△）」と「開いた問い（○）」に分類しよう。

（**グループ A：ケン、トワエモワ**）

・生成 AI との協働で新しい職業は生まれるのか？（△）

・生成 AI と人間の仕事、その役割分担はどうなるのか？（○）

・生成 AI が共創するプロジェクトの成功要因は何か？（○）

（**グループ B：あいちゃん**）

・生成 AI とどのように効果的にコミュニケーションを取るべきか？（○）

・生成 AI の倫理的な使用ガイドラインはあるか？（△）

・生成 AI と共創する際のリスクは何か？（○）

ケニチ　それぞれの問いをより明確に、具体的（開いた問いを閉じた問いに）にしてみよう。

ケン　まずは僕から。「生成 AI との協働で新しい職業は生まれるのか？」を「**生成 AI の台頭によって私たちの職業観はどのような影響を受けているか？**」に変えてみた。（△→○）

トワエモワ　私は、「生成 AI と人間の仕事の役割分担はどうなるのか？」を「**生成 AI と人間の仕事、その役割分担は必**

要か？」に変えてみました。（◯→△）

あいちゃん　では私は、「生成 AI とどのように効果的にコミュニケーションを取るべきか？」を「**生成 AI と効果的なコミュニケーションを取るための具体的な方法はあるか？**」に変えます。（◯→△）

ステップ5　問いに優先順位をつける（収束思考の段階2）

ケニチ　次は、作成された問いに優先順位をつけよう。最も重要、または関心の高い問いを選び、その理由を明確にしてくれるかな。

（**グループ A**：ケン、トワエモワさん）
・生成 AI の台頭によって私たちの職業観はどのような影響を受けているか？
・生成 AI と人間の仕事、その役割分担は必要か？

（**グループ B**：あいちゃん）
・生成 AI と効果的なコミュニケーションを取るための具体的な方法はあるか？
・生成 AI の倫理的な使用ガイドラインはどうあるべきか？

ケニチ　それぞれ、選んだ理由を教えてくれるかな。

ケン　生成 AI との協働で生まれる新しい職業について考えるというのは、未来のキャリアに役立つから。

トワエモワ　生成 AI と人間の役割分担を考えることで、私たちの仕事の未来を見据えることができます。

あいちゃん　効果的なコミュニケーション方法を見つけることで、AI との協働がスムーズになります。

ステップ6　問いの用途を考える

ケニチ　なるほど。次は、作成された問いがどのように活用されるのかについて考え、その目的や文脈に応じて調整をするんだ。

ケン　生成 AI との協働で生まれる新しい職業を研究することで、将来のキャリア選択に役立てる。

トワエモワ　生成 AI と人間の役割分担の変化を分析し、教育や訓練プログラムに反映させます。

あいちゃん　効果的なコミュニケーション方法を見つけて、AI との協働プロジェクトの成功に役立てます。

ステップ7　学びを振り返る

ケニチ　では最後に、プロセス全体を振り返り、学びや改善点を特定しよう。みんな、それぞれの学びを振り返ってくれるかな。

ケン　新しい職業や役割分担について深く考えることができたし、これからの未来に向けて、どのようなスキルが必要なのかが分かった。

トワエモワ　生成 AI との協働について考えることで、私たちの仕事の未来を見据えることができました。教育や訓練プログラムに十分活かせると思います。

あいちゃん　効果的なコミュニケーション方法を見つけること

ができたので、生成 AI との協働がスムーズになります。今
回の QFT のプロセスはとても有益でした。

ケニチ　みんな、お疲れさまでした。今回の QFT の実践を通
じて、多くの学びを得ることができたと思う。これからも、
問いづくりのプロセスを続けていこう。

どのようにして QFT の成果を測定するのか
──次のステップは何か？

　このセクションでは、QFT の学習成果を測定するためのルー
ブリックを提供する。また、セッション後の振り返りとフィ
ードバックの重要性を強調し、QFT の結果をもとに、次のス
テップを計画する方法の提示をする。

ケニチ　さて、前回実施した QFT のプロセスを振り返ってみ
よう。それぞれのプロセスについて、どのように感じたのか、
成果を振り返ってくれるかな。**表4－12**に示したルーブリッ
ク（七つのプロセス全体バージョン）や**表4－13**〜**表4－18**
に示したプロセスごとのルーブリックを使って、私たちの実
践の成果を振り返るんだ。

　まずは、「問いの焦点をつくる」からにしよう。今回の焦
点は「生成 AI との協働と共創」だったけど、どのように感
じたかな？

ケン　焦点が具体的だったので、問いを考えやすかった。

トワエモワ　私も同じく、焦点が明確で、問いを発散させやす
かったです。

表4−12　QFTの学習成果ルーブリック（七つのプロセス全体バージョン）

プロセス	1点	2点	3点	4点	5点
問いの焦点をつくる	焦点が曖昧で具体性に欠ける	焦点があるが明確ではない	明確な焦点が設定されている	明確かつ具体的な焦点が設定されている	焦点が非常に明確で、探究を促進する
問いづくりのルールを理解する	ルールを理解していない	ルールを理解しているが完全ではない	ルールを理解し、守っている	ルールを理解し、積極的に守っている	ルールを完全に理解し、他者にも指導できる
問いをつくる	少数の問いしか作成できない	十分な問いを作成するが発展性に欠ける	多くの問いを作成できる	多くの問いを創造的に作成できる	多くの質の高い問いを創造的に作成できる
問いを改善する	問いの改善ができない	問いの改善が部分的にできる	問いを効果的に改善できる	問いを非常に効果的に改善できる	問いの改善が優れており、他者にも指導できる
問いに優先順位をつける	優先順位をつけられない	優先順位をつけるが理由が曖昧	適切な理由で優先順位をつける	明確な理由で優先順位をつける	優先順位づけが卓越しており、他者にも指導できる
問いの用途を考える	用途が考えられない	用途を部分的に考えられる	問いの用途を適切に考えている	問いの用途を効果的に考えている	問いの用途を非常に効果的に考え、他者にも指導できる
学びを振り返る	振り返りができない	部分的に振り返りができる	振り返りを適切に行える	振り返りを効果的に行える	振り返りが卓越しており、他者にも指導できる

第4章　QFTで問いと仮説をつくろう　103

表4−13　「問いの焦点をつくる、知る」ルーブリック

1. 焦点の明確さのマイルストーン：到達度（0−5点）	
0−1点	焦点が曖昧で、問いの作成を刺激するのに不十分である。
2−3点	焦点はある程度明確だが、問いの作成を完全に促すには至っていない。
4−5点	焦点が非常に明確で、問い作成を効果的に促進している。

2. 刺激的な内容のマイルストーン：到達度（0−5点）	
0−1点	内容が刺激的でなく、新しい思考や問いの創造をほとんど促さない。
2−3点	ある程度刺激的だが、思考や問いの創造を完全には促さない。
4−5点	非常に刺激的で、新しい思考や問いの創造を強く促進する。

3. 教師／ファシリテータの中立性のマイルストーン：到達度（0−5点）	
0−1点	教師／ファシリテータの好みや偏見が明確に表れている。
2−3点	教師／ファシリテータの好みや偏見がある程度表れているが、支配的ではない。
4−5点	教師／ファシリテータの好みや偏見がまったく表れず、完全に中立である。

4. 学習者の反応のマイルストーン：到達度（0−5点）	
0−1点	学習者はほとんど反応せず、問いの創造に関心がない。
2−3点	学習者の反応はあるが限定的で、問いの創造に一部関心を示している。
4−5点	学習者が積極的に反応し、問いの創造に深い関心を示している。

5.問いの多様性と質のマイルストーン：到達度（0-5点）	
0-1点	生み出された問いが少なく、質も低い。
2-3点	ある程度多様な問いになっており、質もまずまずである。
4-5点	問いは多様で、質が高い。

6.総合評価のマイルストーン：到達度（0-25点）	
20-25点	高度に効果的な「問いの焦点をつくる、知る」が実施できている。
10-19点	ある程度効果的だが、改善の余地がある。
0-9点	効果が不十分で、大幅な改善が必要である。

あいちゃん　そうですね。焦点がしっかりしていたので、私も生成 AI に関する多角的な問いを作成するのに役立ちました。

ケニチ　評価としては、全員が4点以上の「上級」または「卓越」に該当するね。この段階では、QFT プロセスにおける問い作成の基礎を築き、学習者が自由かつ効果的に問いを生み出すための環境を整えることが重要なんだ。

　　次は、問いづくりのルールを理解するプロセスだけど、ルールは守れたかな？（**表4-14**参照）

ケン　ただ問いを出すっていうのは簡単だったけど、いざ出すとなると難しかった。

トワエモワ　ルールに沿って自由に問いを作成できたので、創造性が発揮できました。ただ、途中で「あ、いい問いだ」と言いたくなったことがあったけど、我慢しました。

あいちゃん　ルールを理解し、守ることで、効果的に問いを作成することができました。

第4章 QFTで問いと仮説をつくろう 105

表4−14 「問いづくりのルールを理解する」ルーブリック

1. ルールの理解のマイルストーン：到達度（0-5点）	
0−1点	ルールの理解が不十分で、その重要性や目的が明確でない。
2−3点	ルールの基本的な理解はあるが、完全には理解していない。
4−5点	ルールの意図と重要性を完全に理解しており、効果的に適用できている。

2. ルールの適用のマイルストーン：到達度（0-5点）	
0−1点	ルールがほとんど、またはまったく適用されていない。
2−3点	ルールが一部適用されているが、一貫性がない。
4−5点	ルールが一貫して適用され、効果的に活用されている。

3. 問いの量のマイルストーン：到達度（0-5点）	
0−1点	作成された問いの量が極めて少ない。
2−3点	一定量の問いは作成されているが、目標に達していない。
4−5点	豊富な量の問いが作成され、目標を達成している。

4. 問いの自由度のマイルストーン：到達度（0-5点）	
0−1点	問いの自由度が低く、創造性や多様性が乏しい。
2−3点	問いにある程度の自由度があるが、十分ではない。
4−5点	高い自由度で問いが作成され、創造性と多様性が豊かである。

5. 学習者の積極性のマイルストーン：到達度（0-5点）	
0−1点	学習者の積極性が低く、ルールの適用に消極的である。
2−3点	学習者にある程度の積極性があるが、一部のみである。
4−5点	学習者が高い積極性を示しており、ルールも積極的に適用している。

6. 総合評価のマイルストーン：到達度（0-25点）	
20-25点	高度に効果的な「問いづくりのルールを理解する」が実施できている。
10-19点	ある程度効果的だが、改善の余地がある。
0-9点	効果が不十分で、大幅な改善が必要である。

ケニチ　ここでも、全員が4点以上の「上級」または「卓越」に該当しているね。このルーブリックを使用して、QFTの「問いづくりのルールを理解する」段階の効果性を定量的に評価するわけだが、必要に応じて改善策が講じられることをお忘れなく。

表4－15　「問いをつくる（発散思考の段階）」ルーブリック

1. 問いの量のマイルストーン：到達度（0-5点）	
0-1点	問いの量が非常に少ない。
2-3点	一定量の問いは作成されるが、多くはない。
4-5点	豊富な量の問いが作成される。

2. 問いの多様性のマイルストーン：到達度（0-5点）	
0-1点	問いが単調で、創造性に欠ける。
2-3点	問いにある程度の多様性が見られるが、限定的である。
4-5点	問いが多様で、創造性に富む。

3. ルールの遵守のマイルストーン：到達度（0-5点）	
0-1点	ルールの遵守が不十分である。
2-3点	一部のルールが遵守されるが、一貫性に欠ける。
4-5点	ルールが一貫して遵守されている。

第4章　QFTで問いと仮説をつくろう　107

4. ファシリテーターのサポートのマイルストーン：到達度（0-5点）	
0-1点	ファシリテーターのサポートが不足している。
2-3点	ファシリテーターが一定程度サポートするが、十分ではない。
4-5点	ファシリテーターが効果的にサポートし、プロセスを促進する。

5. 学習者の積極性と協力のマイルストーン：到達度（0-5点）	
0-1点	学習者の積極性が低く、協力が見られない。
2-3点	学習者がある程度積極的だが、全体的な協力は限定的である。
4-5点	学習者が積極的に協力し、集団で効果的に作業している。

6. 総合評価のマイルストーン：到達度（0-25点）	
20-25点	高度に効果的な「問いをつくる（発散思考の段階）」が実施できている。
10-19点	ある程度効果的だが、改善の余地がある。
0-9点	効果が不十分で、大幅な改善が必要である。

ケニチ　次の「問いをつくる段階」についてはどうだったかな？（**表4-15**参照）

ケン　たくさんの問いを出すことができた。

トワエモワ　創造的にたくさんの問いを出せて、楽しかったです。

あいちゃん　多くの質の高い問いを出すことができたので、非常に有意義でした。

ケニチ　全員がそれぞれ興味深い問いを出すことができたので、5点に相当する。このルーブリックを使用して第3段階の実施状況を評価し、必要に応じた改善策が講じられる。学習者

の積極性と協力、ファシリテーターのサポート、問いの量と多様性、そしてルールの遵守が、この段階の成功においては特に重要となるんだ。

表4−16 「問いを改善する」ルーブリック

1.閉じた問いと開いた問いの理解のマイルストーン：到達度（0−5点）	
0−1点	両タイプの問いの違いについての理解が不十分である。
2−3点	基本的な理解はあるが、深い洞察に欠ける。
4−5点	両タイプの問いの特徴と効果について深く理解している。

2.問いの分類と書き換えの効果のマイルストーン：到達度（0−5点）	
0−1点	分類や書き換えが不適切で、問いの質に影響を与えていない。
2−3点	一部の問いが適切に分類・書き換えられているが、一貫性に欠ける。
4−5点	問いが効果的に分類・書き換えられ、質の向上に寄与している。

3.議論の深さのマイルストーン：到達度（0−5点）	
0−1点	閉じた問いと開いた問いの長所と短所についての議論が表面的である。
2−3点	ある程度の議論は行われているが、深い洞察に至っていない。
4−5点	閉じた問いと開いた問いの長所と短所について深く、有意義な議論が行われている。

4.学習者の関与と理解のマイルストーン：到達度（0−5点）	
0−1点	学習者の関与が低く、理解の深さに欠ける。
2−3点	一部の学習者が関与しており、ある程度の理解が見られる。
4−5点	学習者が積極的に関与し、問いの改善について深い理解を示している。

5.問いの質の向上のマイルストーン：到達度（0-5点）	
0-1点	問いの質が向上していない。
2-3点	問いの質にいくらかの向上が見られる。
4-5点	問いの質が顕著に向上している。

6.総合評価のマイルストーン：到達度（0-25点）	
20-25点	高度に効果的な「問いを改善する（収束思考の段階1）」が実施できている。
10-19点	ある程度効果的だが、改善の余地がある。
0-9点	効果が不十分で、大幅な改善が必要である。

ケニチ 次は、「問いを改善する」段階だけど、改善はどうだったかな？（**表4-16**参照）

ケン 初めての改善作業だったけど、効果的に問いを洗練することができた。

トワエモワ 「閉じた問い」と「開いた問い」の違いを理解することで、問いが具体的になったと思います。

あいちゃん 問いの改善が進むことで、より探究的な問いに進化しました。

ケニチ 全員が効果的な改善を行ったようなので、4点から5点の評価となるね。

　このルーブリックを使用して、「問いを改善する（収束思考の段階1）」の効果性を評価して、必要に応じて改善策を講じるわけだが、特に問いの種類の理解、議論の深さ、学習者の関与と問いの質の向上が重要な評価ポイントとなる。

110

表4－17 「問いに優先順位をつける」ルーブリック

1. 優先順位の設定の適切性のマイルストーン：到達度（0-5点）	
0-1点	優先順位の設定が不適切またはランダムである。
2-3点	いくつかの優先順位が適切に設定されているが、一貫性に欠ける。
4-5点	優先順位が明確かつ一貫して設定されている。

2. 選択した問いの理由の明確性のマイルストーン：到達度（0-5点）	
0-1点	選択した問いの理由が不明確または説得力がない。
2-3点	いくつかの問いについては理由が明確だが、全体的には不十分である。
4-5点	すべての選択した問いについて、明確かつ説得力のある理由が提示されている。

3. 議論の深さと質のマイルストーン：到達度（0-5点）	
0-1点	議論が表面的で、深い洞察に欠ける。
2-3点	一部の議論に深さがあり、質もある程度確保されている。
4-5点	議論が深く、質の高い洞察を含んでいる。

4. 協力と相互学習の効果のマイルストーン：到達度（0-5点）	
0-1点	協力や相互学習の効果がほとんど見られない。
2-3点	一部の学習者間で協力と相互学習の効果が見られる。
4-5点	学習者全体において、協力と相互学習の効果が顕著である。

5. 結果の報告の品質のマイルストーン：到達度（0-5点）	
0-1点	結果の報告が不十分または不明瞭である。
2-3点	結果の報告が一部明瞭だが、全体的には改善の余地がある。
4-5点	結果の報告が明瞭で、全体の理解を深める質が高い。

第4章　QFTで問いと仮説をつくろう　111

6. 総合評価のマイルストーン：到達度（0-25点）	
20-25点	高度に効果的な「問いに優先順位をつける（収束思考の段階2）」が実施できている。
10-19点	ある程度効果的だが、改善の余地がある。
0-9点	効果が不十分で、大幅な改善が必要である。

ケニチ　次の「問いに優先順位をつける」段階についてはどうだったかな？（**表4-17**参照）

ケン　正直に言えば、どの問いが重要かを選ぶのは難しかったけど、明確な理由をもって選ぶことができたと思っている。

トワエモワ　私は、優先順位をつけることで焦点が定まったように感じています。

あいちゃん　私の場合は、選択した問いが実際のプロジェクトに役立つと感じました。

ケニチ　全員が明確な理由をもって優先順位がつけられているようなので、ここでも4点から5点の評価となるね。

　このルーブリックを使用して、「問いに優先順位をつける（収束思考の段階2）」の実施状況を評価し、必要に応じて改善策を講じることになるわけだが、その際、特に重要な評価ポイントとなるのは、優先順位の設定の適切性、問いの選択理由の明確性、議論の質、協力と相互学習の効果、結果の報告品質となる。

　表4-17に示したとおり、それぞれにおいて様々なケースがあるため、それらを判断する能力も問われることになるが、このような作業を繰り返すことで得られるようになる。

112

表4−18 「問いの用途を考える」ルーブリック

1. 問いの実用性の認識のマイルストーン：到達度（0-5点）	
0-1点	問いの実用性に対する認識が低い、または存在しない。
2-3点	問いの実用性について一部認識しているが、全面的ではない。
4-5点	問いの実用性を完全に理解し、適用することができる。

2. 問いの活用方法の多様性のマイルストーン：到達度（0-5点）	
0-1点	問いの活用方法が限られている、または一方的である。
2-3点	いくつかの活用方法が考えられるが、十分ではない。
4-5点	問いの活用方法が多様で、創造的なアプローチが取られている。

3. 実際の学習や討論への応用のマイルストーン：到達度（0-5点）	
0-1点	学習や討論への応用が不十分または非効果的である。
2-3点	学習や討論への応用が部分的に行われている。
4-5点	学習や討論への応用が効果的に行われている。

4. 学習者の関与と理解のマイルストーン：到達度（0-5点）	
0-1点	学習者の関与が低く、問いの用途への理解が不足している。
2-3点	学習者の関与はあるが、用途への理解が完全ではない。
4-5点	学習者が積極的に関与し、問いの用途への理解が深い。

5. 実践的なスキルの獲得のマイルストーン：到達度（0-5点）	
0-1点	実践的なスキルの獲得がほとんど見られない。
2-3点	一部の実践的なスキルが獲得されているが、十分ではない。
4-5点	実践的なスキルが顕著に獲得されている。

第4章 QFTで問いと仮説をつくろう 113

6. 総合評価のマイルストーン：到達度（0-25点）	
20-25点	高度に効果的な「問いの用途を考える」が実施できている。
10-19点	ある程度効果的だが、改善の余地がある。
0-9点	効果が不十分で、大幅な改善が必要である。

ケニチ 次は「問いの用途を考える」段階だけど、用途を考えるというのはどうだったかな？（**表4-18**参照）

ケン 実際に活用する方法を考えることで、問いの価値が高まったように思えるんだけど……。

トワエモワ 具体的な活用方法を考えるという作業は面白かったです。ケン君が言うように、問いの価値が高まったようにも思えますし、リアル感が増したように感じられました。

あいちゃん 用途を考えることで、私も問いが実践的になったと思います。

ケニチ 恐れ入りました。どうやら、全員が効果的に用途を考えることができたようだね。この段階も、4点から5点の評価となるね。それにしても、みんな凄いね。感心するよ。

「問いの用途を考える」の実施状況をこのルーブリックで評価し、必要に応じて改善策を講じるわけだが、その際、問いの実用性の理解、その多様な活用方法、実際の学習や討論への応用、学習者の関与と理解、実践的なスキルの獲得が重要な評価ポイントとなる。

どの段階においてもそうだが、評価する側と評価される側には客観的な視点が必要になる。決して、自己陶酔してはならない。

114

表4－19 「振り返り（リフレクション／省察）」ルーブリック

1. 振り返りの深さのマイルストーン：到達度（0-5点）	
0-1点	振り返りが浅く、表面的な振り返りにとどまっている。
2-3点	一部の要素については深い振り返りがあるが、全体的には不十分です。
4-5点	振り返りが深く、包括的な自己評価と振り返りが行われている。

2. 知識レベルの認識のマイルストーン：到達度（0-5点）	
0-1点	学んだ知識やスキルの認識が低い。
2-3点	いくつかの点で学んだ知識やスキルが認識されているが、完全ではない。
4-5点	学んだ知識やスキルが明確に認識され、深く理解されている。

3. 情レベルの振り返りのマイルストーン：到達度（0-5点）	
0-1点	感情レベルでの反映がほとんどないまたは非常に限定的である。
2-3点	感情レベルでの一部の反映が見られるが、全体的な感情の理解は不十分である。
4-5点	感情レベルでの反映が豊かで、学習体験への影響が明確に理解されている。

4. 行動レベルでの変化のマイルストーン：到達度（0-5点）	
0-1点	行動レベルでの変化が見られない。
2-3点	一部の行動レベルでの変化が見られるが、全体的には限定的である。
4-5点	明確な行動レベルでの変化があり、学んだことを実践に移す意欲が見られる。

5. 全体的な理解と学習効果のマイルストーン：到達度（0-5点）	
0-1点	QFT プロセス全体の理解や学習効果が低い。
2-3点	QFT プロセス全体の理解や学習効果が部分的には見られるが、完全ではない。
4-5点	QFT プロセス全体の理解が深く、学習効果が高い。

6. 総合評価のマイルストーン：到達度（0-25点）	
20-25点	高度に効果的な「振り返り」ができている。
10-19点	ある程度効果的だが、改善の余地がある。
0-9点	効果が不十分で、大幅な改善が必要である。

ケニチ　さて、最後。振り返る段階だけど、どうだったかな？

ケン　プロセス全体を振り返ることで、成長を実感できたよ。

トワエモワ　振り返りを通じて、自分の学びが整理できました。

あいちゃん　振り返りがあまりにも有意義で、次回に活かせる学びが多くありました。

ケニチ　振り返りについても、全員が効果的に行ったようだね。こちらも、4点から5点の評価となるね。

　「振り返り」の段階における効果性については、このルーブリック（**表4-19**）で評価し、必要に応じて改善策を講じることになる。その際、振り返りの深さ、知識・感情・行動レベルでの理解と反映、全体的な理解と学習効果が重要な評価ポイントとなる。

　言うまでもなく、この作業が一番重要で、次への発展につながることになる。

問いづくり／ QFT をより良く行うには？

ケニチ　さて、みんな、今日の QFT セッションを通して多くの問いが生まれたけど、ここで終わりとせず、継続的な学びをどのように展開していくのかが重要なんだ。フォローアップの計画について考えてみよう。

ケン　例えば、月に一度のオンラインミーティングやワークショップを設けるというのはどうかな？　そこで、今回のセッションで生まれた問いをもとにして、新しい視点やアプローチを取り入れていくんだ。

トワエモワ　それに加えて、個々の研究テーマや問題意識に基づいたプロジェクトを立ちあげ、実際の成果に結びつけることも有効だと思います。

あいちゃん　私は、参加者が自分たちの進捗状況を共有し、お互いにフィードバックを与える場を提供することが大切だと思います。これによって学びが深まり、成長の機会が増えるように思います。

ケニチ　問いの焦点を明確に設計することは、効果的な問いづくりの第一歩。みんなのプロジェクトの目標を考えた場合、どのような焦点がいいだろう？

ケン　例えば、「生成 AI との協働」に焦点を当てるといいかもしれない。具体的には、「どのようにすれば、人間と生成 AI がより効果的に協働できるか」という問いかな。

トワエモワ　そのためには、まずはコミュニケーションの障害

となっている具体的な要因を明らかにする必要がありますね。それぞれの要因に対する具体的な解決策を探ることが重要だと考えられます。

あいちゃん　私はデータ分析やユーザーのフィードバックを活用して障害を特定すれば、それに基づいた解決策の提案ができると思っています。

ケニチ　了解。次は、誰に問いかけるのかを明確にすることが大切となる。問いの対象者を明確にすることで、より具体的で有益な回答が得られるからね。

ケン　新製品の開発に関する問いを例にすると、消費者に対して「この製品は、あなたの日常生活をどのように改善しますか？」と問いかける一方で、開発チームには「この製品の開発において技術的な課題は何ですか？」と問うことが適切だと思うけど。

トワエモワ　そうですね。対象者に合わせて問いをカスタマイズすることで、より実用的な情報が得られるはずです。

あいちゃん　私は、それぞれの問いに対する適切なデータを収集し、分析することで、具体的な解決策を提案するためのサポートができます。

ケニチ　他者の視点になりきるというのは、自分の視野を広げるために非常に有効だね。具体的に、どのように実践すればいいのかについて考えてみよう。

ケン　例えば、学生の視点になりきって、「どのような教材や授業方法が最も効果的ですか？」と問うことで、より実践的で具体的な解決策を見いだすことができると思う。

トワエモワ　確かに、そうすれば問いがより包括的で多面的なものとなり、結果として、より深い理解と共感を得ることができます。

あいちゃん　私は、他者の視点からのデータを分析し、視点の違いを明らかにすることで、より効果的な問いを作成するためのサポートができます。

ケニチ　QFT の効果を最大限に引き出すためには、質の高い学習の場を企画・運営することが重要なんだ。具体的なノウハウについて話し合おう。

ケン　まずは、『たった一つを変えるだけ』を読んだり、「RQI」と「ハテナソン共創ラボ」が主催する問いづくり学習セミナー（オンライン、オフライン）などのワークショップ・イベントを活用すれば、QFT の基本原則や具体的な進め方について学べるんじゃない。

トワエモワ　有効なワークシートを活用して、具体的な問いづくりのプロセスを設計することも有用です。

あいちゃん　私は、デジタルツールやオンラインプラットフォームを活用して、対面やオンラインで、QFT セッションの実践とその振り返りのサポートができます。

ケニチ　それでは、これまでの QFT セッションの振り返りをしよう。どのプロセスが特に効果的だったのか、また改善点について話し合ってみよう。

ケン　問いの焦点を明確にするプロセスが非常に有効だった。具体的なアクションにつながりやすかった。

トワエモワ　他者の視点を取り入れることで、より多面的な問

いが生まれた点がよかったと思います。

あいちゃん　データ分析を通じて実際の問題点を特定し、それに基づいた解決策を提案するプロセスが効果的でした。

ケニチ　なるほど。次は、ここまでの冒険を振り返ってみようか。今回の旅路で学んだことをまとめてみると、どんな発見があったかな？

ケン　最初に学んだ QFT の基本概念がすべての出発点だったね。問いを立てることが、どれだけ強力なスキルかを改めて実感したよ。

トワエモワ　確かに、QFT の七つのプロセスを通じて、問いづくりがただのテクニックじゃなく、深い思考を導くものだということが分かりました。問いの焦点をつくるところから振り返りまで、すべての段階が重要でした。

あいちゃん　そして、学びが深まるにつれて、問いを通じて私たちの知識やスキルがどんどん成長していったことを感じました。特に、仮説生成や多角的思考の部分で新たな視点がたくさん見つかりました。

ケニチ　それだけじゃないよね。QFT を使って、私たちはただ問いを立てるだけでなく、問いを改善し、優先順位をつけ、実際に活用する方法まで考えた。このプロセスが、本当の意味での探究学習だと思うんだ。

ケン　そうだね。問いの質がどんどん高まっていくのが実感できたよ。実際に自分で体験してみて、問いが探究の道しるべになると、本当に感じることができた。

トワエモワ　そして、QFT を使った学習を通して、私たちの

能力も磨かれたわね。本質を追究する思考、コミュニケーション、多角的思考、問題解決、新価値創造……どれも、これからの時代に必要なスキルばかりです。

あいちゃん　私も、データ分析やフィードバックを活かして、さらに効果的な問いを作成する方法を学びました。これからのAI時代において、こうしたスキルがますます重要になってくるでしょう。

ケニチ　そうだね。そして、この旅の終わりにもう一度振り返ると、QFTがもたらしたものは、私たち自身の成長だけじゃなく、共同体としての知識の深化や、より良い未来を切り開く力だったことが分かる。

ケン　次の冒険に向けて、学んだことを活かしていこう。問いを立て続ければ、新しい発見と成長が待っているはずだ！

トワエモワ　これからも、QFTを使ってさらなる探究の旅に出ましょう。今回学んだスキルによって、新しい挑戦に立ち向かう準備ができたと思います。

あいちゃん　私も、これからもみなさんと共に学び、成長をサポートしていきます。AIと人間が共に問いを立て、未来を創るという冒険を続けましょう。

ケニチ　では、次なる冒険の準備をはじめようか。今日の学びを土台にして、さらに高みを目指そう！

　一行は、これまでの学びを胸に、さらなる冒険に向けて歩みだした。彼らが見つけた問いの力は、未来への道しるべとなり、新たな知識と成長を導く光となった。

第4章 QFTで問いと仮説をつくろう 121

　夕暮れ時、柔らかなオレンジ色の光がケニチの部屋を包み、静かな住宅街が夜の帳を下ろしはじめていた。ケニチは窓辺に立ち、これまでの探究を振り返りながら穏やかな満足感を味わっていた。

　一方、ケンは、「今日の問いは確かに深まった」とつぶやき、トワエモワも「私たちのなかで育っている」と感じている。

「今日はここまでにしよう。次は新たな挑戦へ」と、ケニチが仲間に語りかけた。窓の外では、植物園の木々が静かな夜に包まれ、星が輝きはじめていた。

COLUMN
4

問いをめぐる冒険譚
—— 『You and the Question and the Music』

　私の大好きなジャズ・ピアニスト、ビル・エヴァンス（William John Evans, 1929〜1980）の演奏する『You and the Night and the Music』という曲について、「You and the Question and the Music（あなたと問いと音楽と）」というテーマでお話しします。

　音楽はただ聴くだけではなく、感じ、考え、そして問いかけることでより深く楽しむことができます。例えば、ビル・エヴァンスの演奏を聴くとき、彼がどんな感情を込めて演奏しているのか、あるいはその瞬間に何を感じていたのか、と問いかけることで、より深く音楽が心に響いてきます。

　音楽を通じて自分自身を探求するような体験を楽しむために、ぜひみなさんも「この曲は何を伝えたいのか？」や「このメロディーはどんな情景を思い浮かべるか？」といった問いを立ててみてください。問いを通じて音楽と対話し、さらに深く音楽の世界を楽しみましょう。

122

付録1　QFT のワークシート

1：問いの焦点（問題特定ワーク：成果物）

2：問いづくり	3：分類	4：変換

5：大事な問い	
	理由：
	理由：
	理由：

3〜4（オプション）：閉じた問い／開いた問いの特徴		
	メリット	デメリット
C（△） 閉	・ ・ ・ ・ ・	・ ・ ・ ・ ・
O（○） 開	・ ・ ・ ・ ・	・ ・ ・ ・ ・

第4章　QFTで問いと仮説をつくろう　123

付録2　ハテナソン企画立案（ワークシート）

ハテナソン企画立案シート	
授業科目名／プロジェクト名	
学習目標／ゴール	
ハテナソン／QFTの位置付け	
問いの使い道	
問いの焦点	
予想される問い	
問いの優先順位付けの基準	
振り返りの問い	
本企画のリフレクション	

QFTの設計手順

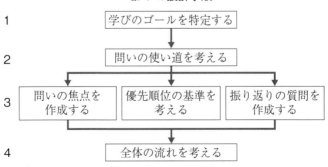

引用元：www.rightquestion.org

第5章

問いみがきで「動く問い」をつくろう

本章における問いの焦点──問いを精緻化し、動く問いを創造する。

16歳のあなたへ──問いを深め、磨きあげればより強力なツールに変わる。精練のプロセスを通じて、自分自身の問いにどのように向きあうのかを見てみよう。

＊　＊　＊

　朝の静けさが糺の森に広がるなかを、早く目覚めたケニチが歩いている。縄文時代から生き続ける森に囲まれながら、思索にふけっている。早朝、下鴨神社の表参道は、考え事をしながら歩くには最高のところである。左側に流れる瀬見の小川を眺め、新たな問いを探る準備を整えていく。

　ケニチは「生成 AI 時代における問いを磨きあげれば、それが強力なツールになる」と自問自答した。すると、森に朝の光が差しこみはじめた。新たな一日が静かに幕を開けた。

　下鴨神社への参拝を終えて、来た道を戻る。今日の散歩はいつもより長くなった。思索したテーマが理由なのかもしれない。高野川の右側を走る川端通の通行量が多くなってきたころ、あいちゃんと仲間たちが集まり、「動く問い」を深掘りするための探究がはじまる。

「動く問い」とは何か？

ケニチ みんな、今日は生成 AI 時代における「**動く問い**」について考えることにする。問いを深め、磨きあげれば、それがより強力なツールになる。私たちが、今、この時代に取り組むべき問いを一緒に探究していこう。

ケン 「動く問い」って、どういう意味なの？

ケニチ 「**動く問い**」とは、個人や集団が具体的な行動を促すような問いのこと。生成 AI 時代だからこそ、人間の主体性を強化して、感情の表現、新たな価値の創出、そして意思決定の精度を高めることが求められているんだ。

トワエモワ 具体的には、どのようにしてそれを実現するんでしょうか？

ケニチ 考えごたえのある問いだね。ここでは「**私が動く問い（Actionable Question）**」と「**私たちが動く問い（Visionary Question）**」という二つのカテゴリーに分けて考えよう。まずは、「私が動く問い」からはじめるね。これは、個人が直面している具体的な問題や課題に対して行動を促す問いで、例えば「どのようにして自分のコミュニケーションスキルを今週中に改善できるか」といった問いが挙げられる。

ケン なるほど、自分がすぐに行動に移せるような、具体的な問いのことだね。

あいちゃん そのとおりです。個々の状況に基づいて、解決可能なステップを提案することが重要です。

ケニチ 次に「私たちが動く問い」だけど、これは、集団や社会が目指すべき方向性や大きなビジョンに対して思考や行動を促す問いで、一例を挙げれば、「私たちは、どのようにして技術の進化を人類の幸福に直結させることができるか」というものになる。

トワエモワ 集団や社会全体が動くような、大きなビジョンをもった問いですね。

あいちゃん そうです。このような問いは、長期的な視野に立ち、持続可能で革新的な解決策を模索することが目的となります。

ケニチ 最後に、「Question Explorer」という課題探索プログラムを紹介しよう。これは、「私が動く問い」と「私たちが動く問い」を策定するための支援ツールとなるんだ。

あいちゃん このプログラムは、参加者自身の状況や目標に基づいて、具体的かつ実行可能な問いを発見し、それに基づいて行動やビジョンが構築できるように設計されています。

ケン 具体的には、どのように進めるの？

ケニチ ワークショップ形式での運用、オンラインプラットフォームの提供、または AI を活用した問い生成のサポートなど、多様なアプローチを組み合わせて利用者のニーズに応じる形で提供されるんだ。

トワエモワ それなら、実際にやってみたくなりますね。

ケニチ そうだね。問いを通じて新たな価値を創造し、意思決定を促進することで、人間が主体的な役割を果たし続けることの重要性を再認識しよう。

問いみがきとは何か？

ケニチ さて、次は「問いみがき」について学び、実践してみよう。問いみがきは、生成した「大事な問い」をさらに精錬し、行動に結びつけるリサーチクエスチョンに進化させるプロセスなんだ（**表5−1**参照）。

ケン 具体的には、どのようなステップを踏むの？

ケニチ 問いみがきには九つの観点がある（**表5−2**参照）。これを使って、私たちが生成した問いを磨いていくんだ。

トワエモワ どうやって進めるのか、実際にやってみましょう。

ケニチ まず、あいちゃんが生成した問いを例にしよう。あいちゃん、何か最近生成した問いはあるかな？

あいちゃん はい、最近生成した問いは「生成 AI はどのようにして人間の創造性を向上させるか？」です。

ケン この問いを磨いていくんだね。まずは主語の設定から……。

ケニチ そう。「生成 AI は」という主語は適切と思われるので、具体的な場所や情景を追加してみよう。一例を挙げると、「教育現場において、生成 AI はどのようにして人間の創造性を向上させるか？」となるね。

トワエモワ 次に、時間に関する修飾ですね。「現在の教育現場において」とすると、時間的な枠が明確になります。

ケニチ そのとおり。次は動詞の修飾です。「向上させる」という動詞だけど、具体的な行動やプロセスに焦点を当てているかな？

第5章 問いみがきで「動く問い」をつくろう 129

表5-1 問いみがきのトリセツ

概要	問いみがきワークは、質問の発展と洗練を図るための具体的なステップを提供します。このプロセスは、九つの主要なステップ（問いみがきの観点）で構成されています。
目的と効果	このワークショップの主な目的は、問いをより明確で焦点を絞ったものにすることです。これにより、リサーチクエスチョンが具体的で実践的なものになり、より効果的な探究や研究が可能となります。また、参加者は問いの背後にある思考プロセスを深く理解し、批判的思考能力を高めることができます。
適用	問いみがきワークは、教育機関、企業、研究機関など、様々なコンテキストで利用できます。特に、新しいアイデアやプロジェクトの初期段階で、リサーチクエスチョンの方向性を明確にするために効果的です。
方法論	このワークは、グループワークや個別作業を通じて実施されます。参加者はまず自分の問いを共有し、他の参加者からフィードバックを受けます。その後、提供されたフレームワークに沿って自分の問いを精緻化していきます。最終的には、参加者は改善された問いについて振り返り、学びを共有します。
効果	問いみがきワークを通じて、参加者はより洗練されたリサーチクエスチョンの開発ができます。これによって、探究や研究の質が向上し、より具体的で効果的な結果を生み出すことが可能になります。また、このプロセスは参加者の本質を追究する思考力を高め、問題解決に対する新たな視点を提供します。

あいちゃん 「向上させる」は抽象的かもしれません。「生成
　AIはどのような方法で人間の創造性を刺激し、向上させる
　のか？」と具体化してみます。

ケン 文末表現も確認しよう。疑問形で終わっているので問題
　ないね。

ケニチ 形容詞と副詞についてもチェックしよう。抽象的な形
　容詞や副詞は使用していないので、大丈夫だね。

表5－2　問いみがきの九つの観点

プロセス	説明
①主語の設定	問いにおける主体を明確に設定する。これは、問いが誰にかかわるものであるかを明確にすることで、焦点を絞った探究が可能になる。例：「企業は」、「学生は」、「地域社会は」など。
②場所や情景の指定	問いがどの地域、文化、または特定の環境に焦点を当てているかを明確にする。具体的な場所や情景を設定することで、問いの範囲を限定し、具体的なデータや事例を収集しやすくする。例：「日本の都市部では」、「農村地域において」など。
③時間に関する修飾	問いが過去、現在、未来のどの時点に関連しているのかを指定する。これによって時間的な枠組みが明確になり、適切なデータや文献の範囲を絞ることができる。例：「過去10年間で」、「今後5年以内に」など。
④動詞の修飾	行動やプロセスに焦点を当てる動詞を使用して、問いが何を探求しようとしているのかを明確にする。例えば、「影響する」、「形づくる」、「左右する」といった動詞やその受動態が使われていないか？これらの表現は、特定の答えや結果を暗示してしまう確証バイアスにつながるような前提を排除する。
⑤形容詞と副詞	抽象的で曖昧な形容詞や副詞が問いの主軸になっていると、問いを曖昧にしてしまう。可能な限り削除し、具体的な表現に置き換えることで、明確な探究が可能になる。例：「重要な」、「大きな」ではなく、具体的な数値や指標を使用する。
⑥集合名詞	問いに集合名詞を使用していたら、具体的な人口統計学的カテゴリーに置き換える。単に「女性」と言うのではなく、「どの年齢層の女性か」、「どの地域の学生か」など、より詳細な情報を提供する。これによって対象を明確にし、適切なデータ収集と分析が可能となる。
⑦文脈や前提の明示	問いの背景やそれが基づいている前提条件を明示する。これによって問いの意図や目的が明確になり、回答者は適切な文脈で回答が提供できるようになる。
⑧問いの大きな目的と具体的なゴールの言語化	問いの根本的な目的や達成しようとしている具体的な目標を明確にする。これによって問いの方向性と意義がはっきりし、探究の成果が具体的で実践的なものになる。
⑨文末表現	問いは実際に疑問形で表現されているか？　一般的で曖昧な表現になっていないか？　具体的に疑問形で表現することで、明確な探究の方向性をもたせる。例：「〜はどのように影響を与えるか？」

トワエモワ　集合名詞についても、具体的な人口統計学的カテゴリーを追加することでさらに明確にしましょう。例えば、「日本の高校生に対して」です。

あいちゃん　文脈や前提の明示も必要ですね。「AI技術が進化し続ける現代において」という前提を明示します。

ケニチ　最後に、問いの大きな目的と具体的なゴールを明確にしよう。この問いの目的は、AI技術の教育現場での活用方法を探ることだね。

ケン　分かった。問いが「現在の教育現場において、AI技術が進化し続ける現代において、日本の高校生に対して、生成AIはどのような方法で人間の創造性を刺激し、向上させるのか?」になったね。

ケニチ　素晴らしい!　これで問いが具体化され、実際の探究やリサーチに役立つリサーチクエスチョンに進化したことになる。

トワエモワ　問いみがきのプロセスを実践することで、私たちの問いがより明確で効果的になりましたね。

あいちゃん　このプロセスを通じて探究の質が向上し、具体的な結果を生み出すことができるようになります。

ケン　自分でも驚くほど、問いみがきの重要性を理解したよ。これからも、このプロセスを活用して、より掘り下げた問いを生成していこう!

ケニチ　いいね。これで問いみがきのセクションは終了。次のセクションでは、このプロセスをどのように実施するかについてさらに詳しく見ていくことにする。

どのようにして問いみがきを行うのか？

ケニチ　それでは、問いみがきをどのように行うのかについて具体的に学んでいくよ。ここでは、より現実的な文脈で問いを磨いていくことにする。

トワエモワ　どのようなテーマで問いを磨くんですか？

ケニチ　テーマは、「持続可能な開発目標（SDGs）は、本当に2030年までに達成できるのか？」としよう。そして、みんなが住む街を例にして進めていこう。

ケン　具体的なプロセスが知りたい。

ケニチ　よし、ではステップごとに進めていこう（表5－3参照）。まずは主語の設定からはじめる。「私たちの街」を主語にして、問いを具体的なものにしてもらおうかな。

あいちゃん　「私たちの街は、2030年までにSDGsの目標をどのように達成できるのか？」という感じですか？

ケン　次は、場所や情景の指定かな。具体的に、どの地域や環境に焦点を当てるかだよね。

トワエモワ　「私たちの街の教育機関では、SDGsの目標がどのように推進されているのか？」というのを考えましたが、どうですか？

ケニチ　いいね。次は、時間に関する修飾。問いがどの時間枠に当てはまるのかを考えてみよう。

あいちゃん　「2026年から2030年までの間に」というように、時間を具体的に設定します。

第5章　問いみがきで「動く問い」をつくろう　133

表5-3　問いみがきの実施タイムライン

プロセス	説明	積算所要時間
導入と説明	セッションの目的と流れを説明。参加者に対して、「問いみがき」ワークの目的と期待される成果について簡単に説明する。	5分
主語の設定	問いにおける主体を明確に設定します。例えば、「私たちの街」など。	5～10分
場所や情景の指定	問いが、どの地域、文化、または特定の環境に焦点を当てているのかを明確にします。	10～20分
時間に関する修飾	問いが、過去、現在、未来のどの時点に関連しているのかを指定します。	20～30分
動詞の修飾	行動やプロセスに焦点を当てる動詞を使用して、問いが何を探求しようとしているのかを明確にします。確証バイアスにつながる表現を排除します。	30～40分
形容詞と副詞	抽象的で曖昧な形容詞や副詞が問いの主軸になっていないかを確認し、具体的な表現に置き換えます。	40～50分
集合名詞	問いに集合名詞を使用している場合、具体的な人口統計学的カテゴリーに置き換えます。	50～60分
文脈や前提の明示	問いの背景や、それが基づいている前提条件を明示します。	60～70分
問いの目的とゴールの言語化	問いの根本的な目的や達成しようとしている具体的な目標を明確にします。	70～80分
文末表現	問いは、実際に疑問形で表現されているか、具体的に疑問形で表現されているのかを確認します。	80～90分

ケン　動詞の修飾も重要だよね。具体的な行動やプロセスに焦点を当てる必要があるんじゃない。

トワエモワ　「私たちの街の教育機関は、今から2030年までに、SDGs の目標達成のためにどのように取り組むのか？」というのは、どうですか？

ケニチ　文末の表現を確認するね。疑問形で終わっているので問題ないね。

あいちゃん　形容詞や副詞の確認も必要です。抽象的な表現がないかをチェックします。

ケン　集合名詞も具体的にしよう。例えば、「教育機関」を「私たちの街の小学校、中学校、高校」に置き換えるなど。

ケニチ　確かに、文脈や前提の明示も大事だね。問いの背景や前提条件を明確にしよう。

トワエモワ　最後に、問いの目的とゴールを言語化します。この問いを通じて何を達成したいのかを考えます。

ケニチ　これで、問いが具体化されたね。次は、この問いをもとに実際のリサーチやプロジェクトを進めていくことになる。

ケン　このプロセスを通じて、問いがより具体的で実行可能になったね。次のステップが楽しみだよ。

トワエモワ　確かに、このプロセスを通じて問いが具体的になり、探究の方向性が明確になりました。

あいちゃん　これで、私たちは具体的な行動計画を立てるためのしっかりとした問いをもつことができました。

ケニチ　みんな、お疲れさまでした。次は、学校の授業においてどのように問いみがきを行うかのシナリオを紹介しよう。

第5章　問いみがきで「動く問い」をつくろう　135

表5−4　問いみがきプロセスの具体的な場づくりのシナリオ例

プロセス	所要時間（分）	目的とゴール	活動内容
導入と説明	5	セッションの目的と流れを説明する。	生徒たちに「問いみがき」ワークの目的と期待される成果を簡単に説明する。
問いの設定	5	特定のテーマに基づいた問いを設定する。	「SDGsの達成可能性について考える」と問いを設定する。
情報収集	120	SDGsに関する基本情報、進捗状況、主要な課題や批判点を調べる。	インターネットでの検索、図書館の資料利用、教師や専門家へのインタビューを行う。
問いの精緻化	60	収集した情報を基に、問いをより具体的かつ探究しやすい形にする。	グループでの討議、問いの再構成、仮説の設定をする。
グループディスカッション	60	他のグループとの意見交換を通じて、自分が所属するグループの問いの質を高める。	他のグループに問いを発表し、フィードバックを受ける。また、他のグループの問いに対してフィードバックを提供する。
最終的な問いの決定	30	フィードバックをふまえて、最終的なリサーチクエスチョンを決定する。	グループ内での最終討議、問いの修正と確定を行う。

トワエモワ　どのようなシナリオですか？

ケニチ　ここでは、高校１年生のグループが「持続可能な開発目標（SDGs）は本当に2030年までに達成できるのか？」という問いを磨きあげるプロセスをシミュレーションしてみよう。このプロセスを通じて、生徒たちは一般的な問いから出発し、具体的で研究可能な問いへと、その内容を洗練させていくことになるんだ（**表5－4**参照）。

ケン　問いが具体化されることで、実際のリサーチやプロジェクトがより効果的に進められるんだね。

トワエモワ　このプロセスは、探究スキルや本質を追究する思考力の向上にも役立つように思います。

あいちゃん　この具体的な手順を踏むことで問いの質が向上し、より有意義な結果が得られそうですね。

ケニチ　これで、このセクションは終了。次は、問いみがきの成果をどのように測定するかについて学ぼう。

どのようにして問いみがきの成果を測定するのか
──次のステップは何か？

ケニチ　さて、問いみがきの学習成果を検証するためのルーブリックについて話し合うよ。これを使って、私たちの問いがどれだけ効果的かを評価するんだ（**表5－5**参照）。

ケン　そういえば、ルーブリックって、具体的にはどのように使えばいいの？

ケニチ　ルーブリックは、特定の基準に基づいて成果を評価するためのツールなんだ。前章で私が行ったように、各基準に

第5章　問いみがきで「動く問い」をつくろう　137

表5-5　問いみがきの成果測定のためのルーブリック

1. 問いの明確さのマイルストーン：到達度（0-5点）	
0-1点	問いが一般的すぎて、焦点が定まっていない。
2-3点	問いはある程度明確だが、まだ焦点が不十分です。
4-5点	問いが非常に明確で、具体的で、焦点が鋭い。

2. 文脈の理解のマイルストーン：到達度（0-5点）	
0-1点	問いの文脈が、ほとんど、またはまったく考慮されていない。
2-3点	部分的に文脈は考慮されているが、理解が浅い。
4-5点	文脈が深く理解されており、問いの構築にうまく組みこまれている。

3. 情報の使用のマイルストーン：到達度（0-5点）	
0-1点	関連する情報やデータがほとんど、またはまったく使用されていない。
2-3点	情報やデータが部分的に使用されているが、統合が不十分である。
4-5点	情報やデータが効果的に使用され、問いを深く洞察している。

4. 批判的思考のマイルストーン：到達度（0-5点）	
0-1点	批判的思考の証拠が、ほとんど、またはまったくない。
2-3点	ある程度の批判的思考は見られるが、表面的なものとなっている。
4-5点	洗練された批判的思考が見られ、問いに新たな洞察を加えている。

5. コミュニケーションと協働のマイルストーン：到達度（0-5点）	
0-1点	コミュニケーションや協働が、ほとんど、またはまったく行われていない。
2-3点	コミュニケーションや協働が部分的には行われているが、不十分である。
4-5点	非常に効果的なコミュニケーションと協働が行われ、高いレベルでの成果を達成している。

6. 総合評価のマイルストーン：到達度（0-25点）	
20-25点	高度で、効果的な「問いみがき」ができている。
10-19点	ある程度効果的だが、改善の余地がある。
0-9点	効果が不十分で、大幅な改善が必要である。

対して点数をつけ、総合的な評価を行うことになる。

トワエモワ　では、具体的な評価基準を教えてください。

ケニチ　まずは、**表5-5**を見てくれるかな。評価基準がよく分かるはずだ。

ケン　確かに。それでは、実際に私たちの問いをこのルーブリックに当てはめて評価してみよう。

あいちゃん　まずは「問いの明確さ」からですね。私たちの問いはどれくらい明確でしょうか？

トワエモワ　私たちの問いは「私たちの街の教育機関は、2030年までにSDGsの目標達成のためにどのように取り組むのか？」というものでした。焦点が明確になっていると思います。

ケニチ　そうだね、私は4〜5点をつけるかな。次に、文脈の理解を見てみよう。

ケン　文脈についても、地域の教育機関に焦点を当てているので、具体的な文脈が考慮されている。

あいちゃん　文脈が深く理解されているので、4〜5点でいいんじゃないでしょうか。

トワエモワ　情報の使用についても、私たちは十分な情報を収集し、それを問いに統合しました。

ケニチ　確かに、効果的に情報を使用しているので、こちらも4〜5点だね。

ケン　本質を追究する思考力についてはどうなの？

あいちゃん　私たちは、問いを通じて新たな洞察を加えることができました。まちがいなく、この思考力の証拠は見られます。

トワエモワ　こちらも、4〜5点をつけたいです。

ケニチ　最後に、コミュニケーションと協働についてだが、非常に効果的なコミュニケーションと協働が行われたように思える。

ケン　では、これも4〜5点でいいね。

あいちゃん　となると、総合評価としては、20〜25点の範囲に入りますね。

ケニチ　これで評価は完了。みんな、お疲れさまでした。次は、得られた結果をもとにしてさらに改善を加えていこう。このルーブリックを使って、問いの質を継続的に改善していくんだ。

トワエモワ　次のステップも楽しみです。なんか、永遠に続くような感じがしてきました。

ケン　この評価方法を使えば問いの質を客観的に評価すること

ができるので、非常に役立つよ。

あいちゃん　これで私たちは、さらに具体的で実行可能な問い
を作成することができますね。

ケニチ　ここでの探究は「動く問い」がテーマだった。「動く
問い」というのは、要するに行動を促す具体的な問いのこと
なんだ。生成AI時代においては、特に人間の主体性を強化
し、感情の表現、新たな価値の創出、そして意思決定の精度
を高めるために重要なんだ。

ケン　なるほど、個人や集団が実際に行動するための問いが
「動く問い」なんだ。それで、「動く問い」にはどのような種
類があるの？

ケニチ　先ほども言ったように（126ページ）、「動く問い」には、
大きく分けて二つのタイプがあるんだ。「私が動く問い
（Actionable Question）」と「私たちが動く問い（Visionary
Question）」だ。前者は、個人が直面する具体的な問題に対
する行動を促すもので、後者は集団や社会が目指すべき方向
性を探る問いなんだ。

トワエモワ　問いをさらに深めるための「問いみがき」も今回
の重要なポイントでしたね。問いを生成したあと、それを精
緻化して、リサーチクエスチョンに進化させるプロセスを学
びました。

あいちゃん　そのための九つの観点、つまり「主語の設定」、
「場所や情景の指定」、「時間に関する修飾」、「動詞の修飾」、
「文末表現」、「形容詞と副詞」、「集合名詞」、「文脈や前提の
明示」、そして「問いの大きな目的と具体的なゴールの言語

化」が重要でしたね（130ページ参照）。

ケン　それぞれの観点をしっかり見直すことで、問いがより具体的になって、実際に使えるものになるんだね。

ケニチ　そのとおり。そして、実際に問いみがきを実践するにおいては、いくつかのステップを踏むことが大事なんだ。まずは導入と説明からはじまり、主語の設定、場所や情景の指定、時間の修飾、動詞の修飾、文脈や前提の明示、そして問いの目的とゴールの言語化まで進めていくんだ。

トワエモワ　具体的に進めるためのタイムラインもあったので、それに沿って進めれば、スムーズに問いを精緻化できますね。

あいちゃん　そして最後に、問いみがきの成果を測定するためにルーブリックを使いました。評価基準には、問いの明確さ、文脈の理解、情報の使用、批判的思考、コミュニケーションと協働、そして総合評価が含まれていました。

ケニチ　このルーブリックを使えば、問いの質を客観的に評価でき、継続的に改善していくことができるんだ。これで、私たちがつくりだす問いが、さらに具体的で実行可能なものになっていくんだ。

ケン　これからも、このプロセスを活用して、どんどん問いを磨いていきたい。

トワエモワ　確かに、この方法なら探究心を深めながら、具体的なアクションを促すための問いがつくれますね。

あいちゃん　こうして学んだことをもとに、私たちはさらに質の高い問いを生成し、それを活用していくことができると思います。

夕方、ケニチと仲間たちは、鴨川デルタを歩きながら、今日行った「動く問い」についての探究を振り返っていた。柔らかな夕暮れの光が、合流地点となるこのあたりを包みこんでいる。まるで、彼らの問いが未来への道筋を示しているように感じられた。

出町柳駅に向かう途中、ケニチは「これからも探究の旅を続けよう」と心に誓った。空には一番星が輝き、次なる冒険が彼らを待っていることを示していた。

COLUMN
5

問いをめぐる冒険譚
―― 「May the Question Be With You」

映画『スター・ウォーズ』の有名なフレーズ「フォースとともにあれ」を「問いとともにあれ」に換えてみましょう。『スター・ウォーズ』ではフォースが特別な力を象徴していますが、問いは知識を探求し続ける力や学びの姿勢を象徴します。問いをもつことは、私たちを新たな発見や学びへと導く力です。まさに、フォースがジェダイを導くように、問いは私たちを成長へと導くのです。

問いは、私たちを結びつけ、新たな知識や理解を築く力でもあります。問いを通じて、対話や協力が生まれ、共に成長していくことができます。「問いとともにあれ」という姿勢は、私たちが未知の世界を探求し続けるための原動力となります。この姿勢をもち続けることで、私たちは固定観念や偏見を超え、広い視野で物事が見れるようになります。

「問いとともにあれ」の精神を大切にして、新たな知識や理解を得るために探究を続けましょう。

第5章　問いみがきで「動く問い」をつくろう　143

付録　問いみがき（ワークシート）

1：オリジナルの問い　Before（QFT ワーク：成果物）

2：問いみがきの6つの観点を言語化する（10分間）					
主語	場所や情景	時間	動詞	文脈や前提	目的やゴール
・	・	・	・	・	・
・	・	・	・	・	・
・	・	・	・	・	・
・	・	・	・	・	・
・	・	・	・	・	・

3：6つの観点で問いをみがく（10分間）

4：磨いた問いを統合する（15分間）

5：精緻化した問い　After　私が動く問い

145

第6章

問いをめぐる冒険を振り返ろう

本章における問いの焦点——問いづくりの学びを振り返り、大事な問いを見つける。

16歳のあなたへ——どんな問いであっても、その先に向かうための旅の続きは省察からはじまる。

＊　＊　＊

　早朝の京都御苑、ケニチと仲間たちは、夜明け前の冷たい空気のなか、静かに集まってきた。ケニチがノートを開き、これまでの旅を振り返りながら、「これまでの問いとその成果を確認しよう」と語りかけた。

　トワエモワが紫宸殿の長く続く壁を見つめながら、「この時間に振り返るのは特別ですね」と言って微笑んだ。彼らは静寂のなかで過去を振り返り、新たな探求への準備を整えていた。

問いづくりのアセスメントとは何か？
——どのようにして行うのか

ケニチ　さて、私たちがこれまでに取り組んできた問いづくりのプロセスを振り返ってみよう。ここでは、私たちが立てた問いがどのように進化し、どのような影響をもたらしたのかについて見ていくことにする。

ケン　具体的には、どうやって振り返るの？

トワエモワ　それに、私たちが立てた問いが本当に「動く問い」になっているのかどうか、どのように評価するのかも気になります。

ケニチ　まずは、問いの背景や目的を明確にするために、いくつかの項目に答えていくことからはじめよう。これによって、私たちがなぜその問いを立てたのか、どのような影響を期待しているのかについて整理することができるんだ。

あいちゃん　例えば、「問いの起源」として、私たちが立てた問いがどのような状況やニーズから生まれたのかを考えてみましょう。そして、問いが関連する具体的な文脈や、問いに関心をもつ主な関係者を明らかにします。

ケニチ　そのとおり。そして、次に問いの目的を明確にするんだ。この問いを通じて何を達成しようとしているのか、問いに対する答えや解決策が見つかった場合、どのような影響が期待されるのかについて考えよう。例えば、私たちの問いが教育現場でどのように役立つのか、あるいは地域社会にどのような変化をもたらすのかを具体的にイメージしよう。

ケン　なるほど。その次に現状分析だね。問いに関連する現在の状況や既存の課題を認識することが大事なんだよね。

トワエモワ　それから、問いの特定性と適用範囲を明確にすることが必要なんですね。問いがどの範囲を対象としているのか、具体的かつ明確であることが重要となります。

ケニチ　まさしく、そのとおり。そして、問いの改善のために他者のフィードバックを収集し、定期的に問いを再評価して、

必要に応じて修正する方法を考えるよ。もちろん、制約条件も考慮に入れてね。

あいちゃん　問いが時間とともに進化する可能性も考え、持続可能な探究方法や継続的な学習機会の提供も大切です。こうして、問いが成長し続けるための基盤をつくります。

ケニチ　これらのステップを通じて問いを深く理解し、磨きあげていくんだけど、このプロセスが、私たちの探究をより実行可能で意義のあるものにしてくれるんだ。

　レベルが高くなったせいか、ケンとトワエモワの表情が少し硬くなっている。

ケニチ　次に、研究／探究課題を探索し、それを言語化するためのワークを行う。このプロセスでは、問いの背景や目的を明確にすることが重要なんだ。

ケン　具体的には、どのように進めていくの？

ケニチ　ここでは、問いの方向性を定めるためのいくつかの質問項目に答えることで、問いづくりのプロセス全体に一貫性（まとまり）をもたらすんだ（**表6-1**参照）。

あいちゃん　例えば、まず「問いの背景」を探り、その問いがどのような状況やニーズから生まれたのかを明らかにします。また、その問いに関心をもつ主な関係者を特定します。

トワエモワ　さらに、問いの目的を明確にし、その問いが解決策を導く際に期待される影響や成果を具体的にイメージするんですね。

表6−1　研究／探究課題（動く問い）の探索と言語化

1.問い／課題の背景	問いの起源：この問いはどのような状況やニーズから生まれたのか？
	関連する文脈：教育、ビジネス、研究開発、地域社会など、問いが関連する具体的な文脈は何か？
	関係者：この問いに関心をもつか影響を受ける主な関係者は誰か？（例：学生、教師、ビジネスリーダー、地域住民）
2.問い／課題の目的	目的の明確化：この問いを通じて何を達成しようとしているのか？
	期待される影響：問いに対する答えや解決策が見つかった場合、どのような影響が期待されるか？
	長期的・短期的目標：この問いが達成すべき長期的および短期的な目標は何か？
3.問い／課題の現状分析	現状の認識：問いに関連する現在の状況や既存の課題は何か？
	情報源の特定：問いに関する情報を収集するための信頼できる情報源は何か？
	仮説の設定：この問いに対する仮説や初期の考えはあるか？
4.問い／課題の特定性と適用範囲	問いの範囲：この問いが対象とする範囲や限界は何か？
	具体性と明確性：問いが具体的かつ明確であることの重要性を理解する。
	適用可能性：問いの答えや解決策が実際に適用可能かどうかを考慮する。
5.問い／課題の改善のための前提条件	フィードバックの収集：問いに関する他者の意見やフィードバックをどのように収集するか？
	問いの再評価：定期的に問いを再評価し、必要に応じて修正する方法は何か？
	制約条件の考慮：問いを探究するうえでの制約条件（時間、リソース、技術など）は何か？
6.問い／課題の持続性と進化	進化する問い：問いが時間とともにどのように進化する可能性があるか？
	持続可能な探究：問いに対する長期的な探究方法は何か？
	継続的な学習：問いに関連する継続的な学習や発展の機会は何か？

ケニチ このワークを通じて、私たちが設定した問いがどのように役立つのか、どのような変化をもたらすのかについて深く考えることができるんだ。

ケン 問いを設定したあとに、その問いが実行可能かどうかを評価するというのがストレス・チェックだよね（**表6-2**参照）。

ケニチ そのとおり。このチェックを行うことで、問いが直面する可能性のある課題や障害を想定し、その耐性を評価することができるんだ。

あいちゃん 例えば、問いの明確性や中立性、検証可能性、そして特定性を評価することで、問いの質をより高めることができます。

ケニチ これらの要素をしっかりと評価し、必要な改善を行うことで、問いがより実行可能で、信頼性の高いものになる。そして最後に、問いのモデル・キャンバスを使って、問いとそれに関連する要素を整理し、視覚化していくことになる（**表6-3**参照）。

ケン キャンバスの各要素を見ていくと、問いの全体像がより鮮明に浮かびあがってくるね。

トワエモワ 特に、応用性や影響、検証可能性などを考慮することで、問いの効果や実行可能性がより具体的になります。

あいちゃん また、フィードバックと改善のプロセスを通じて、問いが進化し続けるように努めることが大切です。

ケニチ このモデル・キャンバスを活用して、私たちの問いをより深く理解し、磨きあげ、次の行動へとつなげていこう。

表6−2　問い／課題のストレス・チェック

	不明確（1点）	やや明確（2点）	明確（3点）	非常に明確（4点）
明確性 問いは理解しやすく具体的か？	問いが曖昧で、何を尋ねているのか理解しづらい。	問いはある程度理解できるが、いくつかの不明瞭な部分が存在する。	問いはかなり明確で、理解しやすい。	問いが完全に明確で、一貫性があり、具体的である。
	具体的な焦点や方向性が欠けている。	焦点が部分的にしか定まっていない。	具体的な焦点があり、何を尋ねているかがはっきりしている。	何を尋ねているのかが明確で、特定の焦点が明らかにされている。
	非検証可能（1点）	やや検証可能 （2点）	検証可能（3点）	完全に検証可能 （4点）
検証可能性 問いは実証的に検証可能か？	問いが主観的、推測的であり、実証的に検証不可能。	問いにはいくつかの検証可能な要素があるが、完全には検証できない部分も存在する。	問いは、大部分が実証的に検証可能。	問いは、完全に実証的に検証可能。
	明確な証拠やデータに基づく答えを導出することができない。	部分的には証拠やデータに基づいて答えられる。	適切な証拠やデータに基づいて答えを見つけることができる。	明確で具体的な証拠やデータに基づいて答えを導出することが可能。
	偏見あり（1点）	やや偏見あり （2点）	中立的（3点）	完全に中立的 （4点）
中立性 問いは結果に対して中立的か？	問いが特定の結果や答えに偏っている。	問いに若干の偏見が見られるが、完全には偏っていない。	問いはほとんど中立的で、特定の結果に対する偏見がほとんどない。	問いは完全に中立的で、どんな結果に対しても偏見がない。
	結果に先入観をもっている。	結果に対する先入観が部分的に存在する。	結果に対して公平な立場を取っている。	完全に公平でバランスの取れた立場から問いが立てられている。

問いの特性 特定性 問いの対象は明確に特定されているか？	非特定（1点）	やや特定（2点）	特定（3点）	非常に特定（4点）
	問いの対象が非常に不明確で、どのような範囲や対象を扱っているのかが分からない。	問いの対象は一部明確だが、全体としてはまだ不明確な部分がある。	問いの対象がかなり明確に特定されている。	問いの対象が非常に明確で、狭い範囲や具体的な対象に限定されている。
	広範囲にわたる、あいまいな表現が使われている。	特定の範囲や対象に対して部分的な明確さが見られる。	特定の範囲や対象に焦点を当てており、それが理解しやすい。	明確に定義された範囲や対象が具体的に示されている。

表6-3　問い／課題のモデル・キャンバス

明確性	範囲と制約	応用性と影響	検証可能性
問いは具体的かつ理解しやすいか？　用語や概念が正確に使われているか？	問いの範囲は適切に定義されているか？実行可能であり、現実的な制約内にあるか？	問いから導かれる知見は実践的に応用可能か？社会的、学術的、経済的にどのような影響を与える可能性があるか？	問いは実証的に検証可能か？客観的なデータや証拠で答えることができるか？

関連性	革新性と独創性	フィードバックと改善	中立性
問いは現在の状況やニーズに対応しているか？研究分野や対象コミュニティーにとって重要なものか？	問いは新しい視点やアプローチを提供しているか？既存の知識や理論に挑戦しているか？	問いに対するフィードバックを収集し、評価する方法はあるか？問いを継続的に改善するプロセスは存在するか？	問いは、偏見や先入観を排除して立てられているか？すべての可能な結果に対して、公平であるか？

目的と目標		資源と時間	
問いの目的は明確か？長期的および短期的な目標に対して貢献しているか？		研究や探究に必要な資源は利用可能か？時間枠内で問いに答えることができるか？	

問いづくりの振り返りとは何か？
——どのようにして行うのか

ケニチ 今日は、これまでの問いづくりのプロセスを振り返り、新たな洞察を得るために三つのモデルを使う。それでは最初に、熊平美香著の『リフレクション——自分とチームの成長を加速させる内省の技術』（ディスカヴァー・トゥエンティワン、2021年）で紹介されている「認知の4点セット」について学ぼう（55ページと**表6-4**参照）。

❶**意見**——ある出来事や物事に対して、自分がどのように意味づけしたかを振り返る。

❷**経験**——実際に起こったこと、具体的な事実を振り返る。

❸**感情**——その出来事に対して、自分がどう感じたかを振り返る。

❹**価値観**——❶〜❸に基づいて、自分がどのような価値観をもっているのかを言語化する。

表6-4　認知の4点セット

よかったこと	意見		よくなかったこと	意見	
	経験			経験	
	感情			感情	
	価値観			価値観	

ケン 具体的な事実と感情、そして、それに対する解釈と行動を振り返ることで自分の学びがより深く理解できるようになるんだね。

トワエモワ 本当に。自分の感じたことを振り返ると、次にどうすればいいのかについても見えてくるような気がします。

あいちゃん 認知の4点セットを使って振り返ることで、私たちの問いがどのように形成されてきたのか、より明確に理解できると思います。

ケニチ 次はYWTモデル。このモデルはシンプルで実践しやすく、継続的な改善を図るために有効なんだ（**表6－5**参照）。

❶**やったこと**（Y：What did you do?）——具体的にどのような行動を取ったかを振り返る。

❷**分かったこと**（W：What did you learn?）——その行動から学んだこと、得た知識や気づきを整理する。

❸**次にやること**（T：What will you do next?）——次に向けてどのような行動を取るか、次回のアクションプランを立てる。

表6－5　振り返りのYWTモデル

Yattakoto （やったこと）	Wakattakoto （分かったこと）	Tsugiyarukoto （次にやること）

ケン 具体的に行動を振り返り、その結果をもとに、次に何をするのかを計画するというのはすごく実践的だよね。

トワエモワ はい、何がうまくいったのか、どこで改善が必要なのかを明確にするのに役立ちます。

あいちゃん 次に取るべき行動を明確にすることで、学びのサイクルを持続させることができそうです。

ケニチ 最後に紹介するのは「ORID モデル」。これは、個人だけでなくグループでの振り返りにも適しており、多様な視点を統合することで、深い理解と具体的な行動計画を導きだすんだ（**表6-6**参照）。

❶**事実（Objective）**——具体的な事実やデータを確認する。

❷**感情（Reflective）**——その出来事に対する感情や反応を共有する。

❸**解釈（Interpretive）**——その出来事の意味や影響を解釈する。

❹**決定（Decisional）**——今後の行動や決定を話し合う。

表6-6　振り返りの ORID モデル

Objective Question どんな事実がありましたか？	Reflective Question どんな感情がありましたか？	Interpretative Question 何が分かりましたか？	Decision Question これからどうしますか？

ケン このモデルを使えば、チーム全体での意見をまとめて、次のステップが明確になるのでいいね。

トワエモワ 感情や解釈を共有することで、互いの理解が深まりそうです。

あいちゃん 私たちの問いづくりのプロセスを振り返る際、このモデルを使って多様な視点を統合し、具体的な行動計画を立てましょう。

ケニチ それでは、これまでの問いづくりのプロセスを振り返り、各モデルを実際に使ってみよう。

ケン 認知の４点セットからはじめよう。まず、僕たち取り組んできた具体的な事実を振り返ろう。

トワエモワ その後、YWT モデルを使って、学んだことや次にやることを整理しましょう。

あいちゃん そして、最後に ORID モデルを使って私たちの振り返りをまとめ、次のステップを決めましょう。

ケニチ はい、そのとおり。それでは、振り返りの冒険をはじめよう！

　問いづくりの振り返りは、学びを深め、次のステップを計画するために非常に重要である。認知の４点セット、YWT モデル、ORID モデルを活用することで、個々の学びやチーム全体の理解を深め、次の問いづくりへの準備を整えることが可能となる。

　これらのモデルを使って、次の冒険に備えていただきたい。たぶん、想像以上の効果が得られるだろう。

課題解決／仮説検証のための
アクションプランをどうするか？

ケニチ みんな、第5章でリサーチクエスチョンを磨きあげ、本章の前節でそれを検証したよね。次は、その問いをもとにアクションプランニングを行っていく。**表6-7**として示した「アクション・プランニング・ワークシート」を使って、具体的な計画を立てていこう。

ケン まず、リサーチクエスチョンを記入するね。「都市部における学校の生徒たちが環境保護意識を高めるために最も効果的な教育プログラムは何か？」だね。

トワエモワ この問いに対する仮説は、「体験型学習プログラムが最も効果的である」というものにしましょう。

あいちゃん 次に、仮説検証のために必要な情報をリストアップします。例えば、既存の教育プログラムの効果に関するデータや生徒の意識調査結果、体験型学習の成功事例が必要ですね。

ケニチ いいね。それでは、次に必要な行動を考えよう。具体的には、どのような行動を取る必要があるかな？

ケン まずは、現在行われている教育プログラムの効果をリサーチし、その後、生徒たちへのアンケート調査を実施する必要がある。そして、体験型学習プログラムを設計して実施する。

トワエモワ その行動をいつまでに完了させるのか、時間計画も立てる必要がありますね。例えば、リサーチとデータ収集

第6章 問いをめぐる冒険を振り返ろう　157

表6-7　アクション・プランニング・ワークシート（テンプレート）

項目	記入内容
リサーチクエスチョン	作成した問いを記述する。
仮説	リサーチクエスチョンに対する仮説を形成する。
必要な情報	仮説検証のために必要な情報をリストアップする。
必要な行動	仮説検証のために取るべき具体的な行動をリストアップする。
ロードマップ	時間などの有限な資源を考慮し、ゴールに至る計画を立てる。
期待される成果物	仮説検証の結果として期待される具体的な成果物を記述する。
期待されるインパクト	成果物がもたらすであろう影響や効果を記述する。
私のコミットメント	自分がこのプロジェクトに対してどのようにかかわるのか、具体的なコミットメントを言語化する。

　は1か月、アンケート調査はその後の1か月、プログラム設計と実施には、さらに2か月を見積もりましょう。

あいちゃん　そして、期待される成果物としては、調査報告書や教育プログラムの設計書、実施レポートが考えられます。

ケニチ　そのとおり。さらに、その成果物がどのようなインパクトをもたらすかも考えてくれるかな。

ケン　僕らの研究結果が実際に生徒たちの環境保護意識を向上させ、ほかの学校でも同様のプログラムが実施されるようになることを期待したい。

トワエモワ　最後に、私のコミットメントとして、このプロジェクトにどのようにかかわるのかを具体的に書きます。私は、調査とデータ収集を担当します。

あいちゃん　では私は、プログラムの設計と実施を担当します。

表6−8　アクション・プランニング・ワークシート（作成例）

項目	記入内容
リサーチクエスチョン	都市部における学校の生徒たちが環境保護意識を高めるための最も効果的な教育プログラムは何か？
仮説	体験型学習プログラムが最も効果的である。
必要な情報	既存の教育プログラムの効果に関するデータ、生徒の意識調査結果、体験型学習の成功事例
必要な行動	教育プログラムのリサーチ、アンケート調査の実施、体験型学習プログラムの設計と実施
ロードマップ	リサーチとデータ収集：1か月、アンケート調査：1か月、プログラム設計と実施：2か月
期待される成果物	調査報告書、教育プログラムの設計書、実施レポート
期待されるインパクト	生徒の環境保護意識の向上、他校でのプログラム実施
私のコミットメント	調査とデータ収集を担当（若き日の著者）、プログラム設計と実施を担当（あいちゃん）

ケニチ　これで、アクション・プランニング・ワークシートは完成（**表6−8**参照）。この計画に基づいて具体的な行動に移ろう。みんな、素晴らしい仕事をしたね。

ケン はい、この計画を実行して、リサーチクエスチョンに答えるための具体的な成果を出したい！

トワエモワ 次のステップが楽しみです。さあ、行動に移りましょう。

あいちゃん このプロジェクトが成功するように、全力で取り組みます！

ケニチ 第6章を通じて、私たちは問いづくりの学習を深化させるためのアセスメントツールを学んだ。そして、具体的なアクションプラニングを通して、リサーチクエスチョンに基づく仮説を検証するための計画を立てたわけだ。

ケン それぞれのステップを通じて、僕たちの問いがより明確になり、具体的な行動につながる準備ができたね。

トワエモワ ツールとモデルを活用することで学びを振り返り、次のステップを計画するプロセスが非常に効果的だったと感じます。

あいちゃん この章で得た知識とスキルを使って、私たちは次の冒険に向けての準備が整いました。

　夜の帳が下りはじめた。あまりにも広いせいか、京都御苑を歩いている人は見かけられない。所々に設置されている街灯に照らされた木々が、夜の訪れを教えてくれる。京都御苑で振り返りを終えた一行は、静かな満足感と新たな決意を胸にしていた。

　ケニチはノートを閉じ、あいちゃんはスクリーンを閉じた。今出川通の向こう側にある同志社女子大学の建物から光が差し

こんできた。まるで、次なる旅への道筋を示しているかのようである。

「この旅で得たものは、これから進むべき道を照らす灯火だ」と、ケニチが静かに語る。若き日のケンも、「問いを立て、深めることが未来を形づくるんだ」と続けた。

トワエモワがそんな景色を眺めながら、「次の冒険が待っている」と言い、一行はゆっくりと京都御苑を後にした。車のヘッドライトに沿うように、彼らは新たな問いを探す旅へと再び歩きはじめた。

COLUMN
6 　　**問いをめぐる冒険譚——「我問う、ゆえに我あり」**

　哲学者デカルト（René Descartes, 1596〜1650）の有名な命題「我思う、ゆえに我あり」を、「我問う、ゆえに我あり」に変換してみましょう。この変換を通じて、問いの重要性について考えてみたいと思います。

　デカルトは思考することを通じて自分の存在を証明しましたが、問いを立てることもまた、私たちの存在を確認し、世界との関係性を深めるための強力な手段となります。問いをもつことは、単に存在を確信するだけでなく、自己と世界を再発見し、他者と対話し、共に考えるための出発点ともなります。

　私たちは問いを通じて、自分がただ存在するだけでなく、積極的に世界にかかわろうとしていることを証明します。そして、その問いに対する答えを探していくなかで、新たな問いが生まれます。そのプロセスこそが、私たちの成長と発見の鍵となるのです。「我問う、ゆえに我あり」の精神で、日常のなかでたくさんの問いを立て、世界を探求してみましょう。

第6章　問いをめぐる冒険を振り返ろう　161

付録1　問い／課題のモデル・キャンバス

明確性：問いは具体的かつ明確に定義されているか？	範囲の適切性：問いの範囲は適切に設定されており、広すぎず狭すぎないか？	実用性：研究の結果が実用的な応用や影響をもつ可能性はあるか？	評価可能性：問いの答えや結果はどのように評価されるべきか？
関連性：問いは現在の知識や現実世界の問題とどのように関連しているのか？	独創性：問いには新規性や独創性があるのか？	論理的一貫性：問いは論理的に一貫しており、矛盾がないか？	倫理的考慮：研究に伴う倫理的な懸念は適切に考慮されているか？
元の問題への適合性：問いは元の問題や目的に適切に対応しているか？		研究可能性：問いは現在のリソース、時間、技術で研究可能か？	

付録2　アクションプランニングワークシート

項目	記入内容
リサーチクエスチョン	
仮説	
必要な情報	
必要な行動	
ロードマップ	
期待される成果物	
期待されるインパクト	
私のコミットメント	

第7章

問いづくりをもっと面白いものにしよう

本章における問いの焦点——問いと意思決定／カードゲームで問いをつくる／問いに問いを重ねる。

16歳のあなたへ——問いをつくるのに役立つお気に入りのツールがあれば、いつでもどこでも探究活動をはじめたり、続けることができる。ハテナソンカードを使って、日常のなかで新しい発見を楽しもう。

＊　＊　＊

　京都・紫野の朝、大徳寺界隈は静かである。北大路通から北に向かう道を「今宮門前通」といい、その突き当たりに今宮神社がある。木々に囲まれたこの神社、観光シーズンでもあまり人が来ないところである。その境内で、ケニチと仲間たちは新たな一日を迎えていた。参拝者がほとんどいない境内でケニチは深呼吸をし、昨日の探究を胸に、風が木の葉を揺らす音を聞きながら新たな冒険を思い描いていた。

　「今日は問いをもっと深く、楽しく探究しよう」と心に決め、仲間たちを見渡した。トワエモワさんが参拝から戻ると、若き日のケンとあいちゃんが目を覚ました。彼らは期待を胸に、今日の問いづくりに臨む準備を整えた。

　「今日は『問いづくり』をもっと楽しくするツールを使ってみ

よう」とケニチが言い、あいちゃんが「ハテナソンカード」を
映しだした。彼らはベンチに座りこみ、朝の光のなかで新たな
探究を静かにはじめだした。

問いづくりは、何が、 どのように面白いのか？（再訪）

　私が「ハテナソン」と名づけた問いづくりの旅に出合ったの
は偶然ではない。好奇心を刺激し、未知への扉を開く手法とし
て、QFT（Question Formulation Technique）に魅了されて
以来、問いをつくりだし、共に学び合う場を築くことに情熱を
傾けている。

　ある友人が、私に次のように尋ねた。

　「問いづくりは、どのような能力を養うのか？」

　友人からの問いかけに対し、私は自問自答した。そして、問
いづくりが鍛える能力についての理解を深めた。

　問いづくりは、まず「考える力」を養う。具体的には、発散
思考力、収束思考力、そしてメタ認知思考力が含まれる。これ
らは私たちの思考を拡げ、問題解決へと導く道を開くことにな
る。また、内省を促し、客観的に物事を捉える力も育まれる。

　次に重要なのが「コミュニケーション力」である。問いを通
して人々と深くかかわり、相互理解が深められる。問いは、「も
っと知りたい」とか「良好な関係を築きたい」という意志を表
明する手段ともなりうる。

　そして、「自己省察力」を向上させる。これは先述の能力を
自己へ適用し、自分自身を深く理解する力である。問いづくり

は、自己省察のプロセスを豊かにし、体験や感情、考えを振り返り、自己にとって重要なことを明確にするのだ。

問いづくりの魅力は、内面から湧きでる疑問だけではなく、外部の世界から受ける問いにもある。問いは、新たな発見やつながりへの道標となり得るわけだが、この相互作用こそが「ハテナソン」の核心である。社交的であれ、内省的であれ、問いづくりは私たちが知らなかった自己の一面を発見させ、意外なつながりをもたらす喜びを提供する。それは、私たちの「理解」と「成長」のために進む永続的な旅となる。

ハテナソンの旅は、単なる知的好奇心を満たすものではなく、人間としての成長を促す。問いを追究することで、私たちは新たな発見、学び、そして感動を得るわけだが、この探究の旅はまだ終わりを見せていない。次節では、問いづくりがもたらすものと、そのことが何であるのかについて、現代ならではの、そして待ち受けている私たちの未来に重ねての考えを述べていくことにする。

ハテナソンの旅を続ける準備はできていますか？

ケニチ　みんな、ハテナソンの旅を続ける準備はできているかな？

ケン　もちろん！　でも、問いづくりがどのように面白くなるのか、もう一度教えてほしいです。

トワエモワ　具体的に、どのような能力が養われるのかも気になりますね。

ケニチ そうだね。まず、問いづくりは「考える力」を鍛えることになるね。発散思考力、収束思考力、そしてメタ認知思考力が含まれるんだ。これらは、問題を多角的に考え、最適な解決策を見つける際に役立つんだ。

あいちゃん さらに、問いづくりは「コミュニケーション力」を向上させます。問いを介して人々と深くかかわり、相互理解を深めることができます。

ケン なるほど、問いを通じて他人とつながることになるんだ。

ケニチ そのとおり。そして、「自己省察力」も大切。自分自身を深く理解し、体験や感情、考えを振り返る力のことだ。

トワエモワ 自己省察は難しいけど、問いづくりがそれを助けてくれるんですね。

あいちゃん はい、問いづくりは新たな発見やつながりへの道標になります。この相互作用がハテナソンの核心です。

ケニチ まさしく、そのとおり。問いづくりの旅は、人間としての成長を促すんだ。問いを追究することで、新たな発見や学び、そして感動が得られるんだ。

ケン その旅に出るのが楽しみだ！

トワエモワ 私も！　さらに深く学びたいです。

あいちゃん 一緒に問いを重ね、学びを深めていきましょう！

問いがつくる意思決定とは何か？

ケニチ さて、今日は、問いがどのように意思決定に結びつくのかについて考えることにする。適切な問いを立てることが

どれだけ重要な意思決定を導くのか、例を挙げてみよう。

ケン　例えば、学校の教育方針を改善する場合、どのような問いが有効なの？

ケニチ　ここで取り上げると面白いかもしれない問いとしては、「現在の教育方針が生徒の学習成果にどのような影響を与えているのか？」というものが考えられるね。このような問いを立てることで、データを収集し、分析するための基盤ができるんだ。

あいちゃん　その問いを中心に、学校内でアンケートを実施して、生徒や教師からのフィードバックを集めることができますね。

ケニチ　そうだね。そして、収集したデータを使って、教育方針が生徒の成績やモチベーションにどのような影響を与えているかを分析するんだ。その結果をもとに、新しい教育方針を提案し、実行に移すことができる。

ケン　なるほど、問いが意思決定の質を高めるんだね。

ケニチ　そのとおり。問いづくりは、エビデンスに基づいた意思決定の第一歩なんだ。そして、このプロセスを通じて、私たちはより良い未来を築くことができる。

トワエモワ　意思決定の質を高めるためには、どのような視点が大事なんでしょうか？

ケニチ　問いづくりがもたらす視点は非常に重要。まず、多様な視点を統合することでバランスの取れた意思決定が可能になり、問いを立てるプロセスを通じて意思決定の透明性が向上し、関係者の理解と信頼を深めることができる。

あいちゃん さらに、良質な問いは、根本的な課題に焦点を当てることを促し、持続可能で効果的な解決策を導きだすのに役立ちますね。

ケン そして、その問いが関連するデータやエビデンスの収集と分析を自然に促進するんですね。

ケニチ そのとおり。問いを定期的に見直し、新たなデータや情報に基づいて更新することで、変化する環境にも柔軟に対応できるんだ。これが、エビデンスに基づいた意思決定を支える重要なプロセスとなる。

トワエモワ 問いが意思決定のカギになる理由がよく分かりました。次のステップで、どのように具体的な問いをつくり、それを実際の行動に結びつけるかを学びたいです。

ケニチ それでは、次に「Question Explorer」というツールを使って、具体的にどうやって問いを探究し、それを意思決定に活かす様子を見ていこう。

Question Explorer とは何か？

ケニチ それでは、「Question Explorer」（**表7-1**参照）を使ってテーマの発掘からはじめてみよう。興味をもっているテーマを見つけることが、この冒険の第一歩になるんだ。

ケン 最近、気候変動に関する記事をたくさん読んでいるんだけど、それをテーマにしてみたい。

あいちゃん 気候変動は非常に重要なテーマですね。まずは、関連するニュース記事や研究レポートを調べてみましょう。

現状を把握することからはじめると、テーマをより深く理解できます。

ケニチ　そうだね。そして、次のステップとして「QFT（Question Formulation Technique）」を使って、気候変動に関する初めの問いをつくりだしてみよう。例えば、「気候変動が地域経済に与える影響は何か？」というような問いを考えてみるというのはどうだろうか？

ケン　それは面白そうな問いですね。さらに具体的に、「どの地域で、どのような経済活動が影響を受けるのか？」という方向で掘り下げてみたい。

あいちゃん　いい考えです。次に、その問いを使って問題の特定を行いましょう。地域経済に与える具体的な影響を探ることで、特定の課題が明確になりますね。

ケニチ　そして、問いを磨きあげるステップでは、この問いを洗練させて具体的な仮説を立てるんだ。例えば、「気候変動が観光業に与える影響」をさらに深く探究するというのもいいだろう。

ケン　そうだね。その仮説に基づいて、データ収集や分析のためのアクションプランを立てるんだよね。

あいちゃん　そのとおりです。具体的なアクションプランを立てることで効果的な探究が進み、エビデンスの収集が可能になります。

ケニチ　こうして、私たちはエビデンスに基づいた解決策や政策を見つけだすことができる。Question Explorer は、まさにそのための強力なツールなんだ。

170

表7－1　課題探索学習プログラム：Question Explorer

Question Explorer 五つのプロセス	活動	目標
1 テーマ発掘 と問題特定 （第3章）	内発的動機と外発的動機の交点を探り、関心のある幅広いテーマを探索する。発掘したテーマをレビューし、最も興味深い問題を特定する。	関心が高く、探究の価値があるテーマを特定する。探究の方向性を明確にする。
2 初めの 問いづくり （第4章）	QFTプロセスを用いて、テーマ／問題に関連する初期の問いを生成する。これには、問いの分類と変換や優先順位づけなどが含まれる。	探究すべき具体的な問いへとテーマを絞りこむ。
3 問いみがき （第5章）	選択した問いをさらに洗練させ、具体的な課題と仮説を形成する。	研究や解析のための明確な枠組みを作成する。
4 アクション プラン （第6章）	課題と仮説に基づいて、データ収集、分析、評価を行うためのアクションプランを立てる。	効果的な探究とエビデンスの収集を実施する。
5 振り返り （第6章）	探究活動のプロセスを評価し、得られた知見や成果を基に次のステップを計画する。	学習の成果を確認し、次の探究に向けた改善点を特定する。

ケン　OK！　これでしっかりとしたリサーチクエスチョンに基づいた効果的な行動が取れそうだ。探究の旅が楽しみだ。

ケニチ　そうだね。これからもこのツールを使って、様々な課題に取り組んでいこう。新たな発見と学びが待っているはずだよ。

トワエモワ　私も、次のステップが楽しみです。Question

第7章　問いづくりをもっと面白いものにしよう　171

Explorer を活用して、さらに深い探究を進めましょう！

ハテナソンカードはどうやって誕生したのか？

ケニチ　さて、ここで「シン・ハテナソン」のもう一つのツールであるハテナソンカードを使ってみることにするけど、その前に、このカードが生まれた背景について少し話をしておきたいんだ（**図7-1**参照）。

ケン　ぜひ聞きたい！　どうして、このカードがつくったの？

ケニチ　まずは、日本の教育や社会全体には「問いを立てること」が難しいと感じられる場面が多いことだ。学校の授業でも、生徒は教師の話を聞くことが中心となっており、疑問をもつ時間や機会があまりないんだ。

あいちゃん　そうですね。生徒たちは、先生に質問することをためらってしまったり、そもそも「問い」を立てること自体に慣れていない場合が多いようです。

ケニチ　そうなんだ。そこで、「問いの文化」を根づかせたいという思いから、「ハテナソン共創ラボ」を立ちあげたんだ。問いを立てることが当たり前になり、誰もが気兼ねなく疑問を共有できる環境をつくりたいという願いがあったんだ。

トワエモワ　そんな思いからハテナソンカードが生まれたんですね。でも、どうしてカードゲームという形にしたんですか？

ケニチ　それには二つの理由があるんだ。まず、問いを立てることをもっと手軽に、そして楽しんでほしいという思いがあ

図7−1　ハテナソンカードの具体例（全52枚）

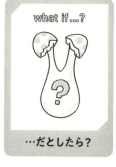

ったからなんだ。ゲーム形式にすることで、難しく感じられがちな「問いづくり」を、誰でも簡単にはじめられるようにしたかったんだ。

あいちゃん　確かに、ゲームにすると心理的なハードルが下がりますね。特に、「問い」を立てることに慣れていない人にとっては楽しく学べる方法になります。

ケニチ　そして、もう一つの理由は、QFT（Question Formulation Technique）の素晴らしさを広めるためなんだ。QFTは、深い哲学に基づいた非常に効果的な問いづくりの手法だけど、すべてのエッセンスを理解してもらうためには120分以上の時間が必要なんだ。忙しい教育現場では、その時間を確保するのが難しい。

ケン　だから、QFTのエッセンスを凝縮して、誰でも短時間で使えるツールとしてハテナソンカードが生まれたんだ。

ケニチ　そのとおり。カードを使って、誰でも簡単に「問いを立てる」ことが日常のなかでできるようにしたかったんだ。問いづくりはスキルであり、筋トレのように繰り返し練習することでどんどん上達していくからね。

トワエモワ　なるほど、筋トレのように「問いづくり」を習慣にするためのツールなんですね。これなら、授業やミーティングのアイスブレイクにも使えそうです。

あいちゃん　そうですね、短時間で楽しく使えるから、毎日続けることができます。これがまさに、問いを重ね、学びを深めていくための一歩になるんです。

ケニチ　そのとおり。ハテナソンカードを使って、どんどん新

ハテナソンカードを使ったワークショップ。開発者である平野貴美枝さん（ハテナソン共創ラボ理事）によるファシリテーションのもと、参加者がテーブルを囲んで問いづくりに取り組んでいる

しい問いを立てていこう。問いを立てることが習慣になれば、もっと多くの発見や学びが日常にあふれるようになるはずだ。それでは、ハテナソンカードを使って「問いづくり」に挑戦してみよう。どんな問いが出てくるのか楽しみだ。

ケン 初めて使うので少し緊張するけど、楽しみ。

あいちゃん リラックスして楽しんでみましょう。まずは、プロンプトカードをシャッフルして、1枚を引いてみてください。それが、今日の問いをつくるきっかけになります。

ケニチ テーマは「未来の教育」にしよう。このテーマでたくさんの問いをつくることが目標なんだ。

ケン 分かった。じゃあ、引いてみるね……。このカードには「どこで」と書いてある。とすれば、「未来の教育はどこで行われるんだろうか？」というのはどう？

あいちゃん 素晴らしい問いですね！　未来の教育がどのような場所で行われるのか、考えてみる価値があります。次に、別のカードを引いてみましょう。

ケン 「どのようにして」と書かれたカードが出た。では、「未来の教育はどのようにして行われるんでしょうか？」っていうのはどうかな？

ケニチ 面白そうな問いが出たね。このように問いをどんどんつくっていくと、興味深いテーマが次々と見えるんだ。

ケン カードを使うことで、普段は思いつかないような問いが生まれるのが面白い。

あいちゃん そのとおりです。ハテナソンカードは、問いをつくるスキルを楽しみながら磨くための素晴らしいツールです。毎日少しずつでも続けると、確実に力がついていきますよ。

ケニチ そうだね。問いをつくることが日常生活の一部になれば、もっと深い学びや発見ができるはずだ。今日も、新しい問いをたくさんつくりだせた。

ケン うん、これからもこのカードを使って、どんどん問いをつくりたい！

あいちゃん そうですね。一緒に問いを重ねて、もっと学びを深めていきましょう。

ケニチ さあ、明日も新しい問いを楽しみにしながら、また探究の旅を続けよう。

問い重ねにはどのような使い方があるのか？

ケニチ 次は「問い重ね」のゲームを試してみようと思うんだけど、どのタイミングでこの方法を使うのが一番効果的だと思う？

あいちゃん　私からの提案としては、テーマ発掘の前にやってみるのがいいと思います。最初にたくさんの問いをつくることで、そこから自分の興味を引くテーマを見つけられるんじゃないかな。

ケン　それは面白そう！　どんな問いが出てくるのか楽しみ。

ケニチ　では、早速はじめよう。まずは、ランダムに選んだ問いからスタートしよう。

ランダムに問いを選ぶ。

あいちゃん　さて、この問いからどんな新しい問いを重ねていけますか？　例えば、この問いを少し広げたり、異なる視点から捉えたりすれば、新しい視点やテーマを見つけることができます。

ケン　このプロセスを通じて、探究の範囲がどんどん広がっていきそうだね。さらに問いを重ねていきたい！

ケニチ　そうだね。問い重ねのプロセスは、私たちの思考を広げ、深める素晴らしい方法と言える。

あいちゃん　それに、問いを重ねることで、新しいアイデアや視点が見つかるかもしれません。この方法をもっと多くの場面で使ってみたいです。

ケン　この問い重ねのゲーム、楽しい！　どんな問いが生まれるのか、ワクワクするよ。

ケニチ　問い重ねは、探究の旅をより豊かなものにしてくれるんだ。このプロセスを通じて、自らの思考を絶えず拡張し、

第7章　問いづくりをもっと面白いものにしよう　177

深めることができる。問いを通して学びを深化させる力を育むことが、この手法の最大の魅力なんだ（**表7-2参照**）。

あいちゃん　そして、これをさらに進めて、問い重ねを自動化する方法もあります。ユーザーから初期の問いを受け取り、その問いのキーワードや重要な要素を抽出して、新しい問いを自動的に生成するプロセスがつくれるんです。

ケニチ　なるほど。それなら、5W1Hのような要素を使って問いをどんどん広げていけるわけだ。しかも、その問いを次々とユーザーに提示して、新しい視点やテーマを発見させることもできる。

ケン　それは便利だね！　でも、どうやってそれを実装するの？

あいちゃん　自然言語処理（NLP）技術を活用して、ユーザーからの入力を解析し、関連するキーワードを抽出します。そして、既存のテンプレートや規則に基づいて新しい問いを構築していくのです。ユーザーが終了を選択するまで、問いの生成と提示が繰り返されます。

ケニチ　これが実装されれば、教室や専門的なトレーニングプログラムでも役立つツールになるだろう。特に、問いづくりのスキルを磨くための強力な助けになる。

ケン　自分で問いを重ねるのも楽しいけど、AIの力を借りて、もっと効率的に進められるというのはいいね。

ケニチ　確かにそうだね。これは、ハテナソンカードの52種類ある「プロンプト」を用いた問いづくりとはまた違うアプローチだけど、目的は同じなんだ。QFTという問いづくりの

アートとサイエンスを兼ね備えた手法から出発して、いろいろなツールを開発すれば、問いづくりを一層面白いものにしていくことができそうだ。

トワエモワ　そうですね。ハテナソンカードのような道具で楽しく問いをつくるのも素晴らしいですが、AI が加わることで、さらに新しい発見や深まりが期待できそうです。

あいちゃん　私がいることで、みなさんの探究がさらに進化するのが楽しみです。これからも、一緒に新しい問いを探し続けましょう！

ケニチ　このプロセスを取り入れることで、私たちはもっと多様で深い探究ができるようになる。これは、問いづくりの新しい時代への一歩だね。

みんな、未来が見えたのか、表情がにこやかになっている。

ケニチ　さて、みんな、第7章も終わりに近づいてきたよ。ここでは、問いづくりの魅力と重要性について、そしてそれを実践するための具体的な手法を探ってきた。

ケン　そうだね。問いづくりが「考える力」、「コミュニケーション力」、「自己省察力」を育むことが分かったよ。特に、QFT を使った問いづくりが、どれだけ楽しさと教育的価値をもっているのか再確認することができた。

トワエモワ　私も、問いを通じて好奇心が刺激され、未知の領域に踏みこむことで新たな発見やつながりが生まれることを実感しました。問いづくりは終わりなき旅ですね。

第7章　問いづくりをもっと面白いものにしよう　179

表7−2　ハテナソンカードと問い重ねの Question Explorer 利
　　　　活用シーン

問い重ねワーク@ Question Explorer	目的	活用方法
1 テーマ発掘の前に	探究心を刺激し、様々なテーマに関する好奇心を喚起する。	学習者やチームがランダムに選んだ一般的な問いから出発し、それに関連する新たな問いを重ねていく。このプロセスを通じて、興味のあるテーマや未探究の分野が明らかになる。
2 テーマ発掘の後／ 課題特定の前に	選択したテーマに基づいて深い探究を促進する。	特定されたテーマに関連する初期の問いを設定し、その問いに関連するさらに具体的な新たな問いを重ねていく。これによってテーマに対する理解を深め、課題特定の方向性を明確にする。
3 課題特定の後に／ QFT の前に	課題に対する具体的な問いの範囲を広げる。	特定された課題に基づいて形成された問いからスタートし、さらに詳細かつ多角的な問いを生成していく。このプロセスは、QFT への準備として、問いの多様性や深さを増す。
4 QFT の後に／ 問いみがきの前に	QFT で生成された問いをさらに発展させる。	QFT で生まれた中心的な問いに対して「問い重ね」を適用し、それに関連する新たな側面や視点からの問いを重ねる。これにより、「問いみがき」の段階で探究すべき具体的な方向性を探る。
5 問いみがきの後に ／振り返りの前に	精緻化された「動く問い」に対する探究範囲をさらに広げる。	「動く問い」に関連する新たな問いを重ねていくことで、研究や行動のために必要となる追加の視点やアイデアを探る。
6 振り返りの後に	学習過程を通じて得られた知見を基に、新たな学習の道筋を設定する。	振り返りで得られた洞察や学びから出発点となる問いを選び、それを基に、新たな探究テーマや学習目標につながる問いを重ねていく。

あいちゃん そのとおりです。前節では、エビデンスに基づく意思決定の重要性を学びました。ビジネスや教育研究における意思決定が、データ駆動型であることのメリットは大きいですね。問いづくりが、透明性と深い理解をもたらすプロセスであることが強調されていました。

ケニチ そうだね。問いづくりは、意思決定の質を高めるだけでなく、リスクを低減し、成果を最大化するためのカギなんだ。Question Explorer（170ページ参照）は、エビデンスに基づく意思決定を支援する強力なツールとして紹介されたけど、テーマ発掘からリサーチアクションプランニングまで、各ステップが探究を効果的に導いてくれるんだ。

ケン それに、ハテナソンカードも忘れてはいけない。問いづくりをゲーム感覚で楽しむツールとして、問いに慣れていない人々でも「たくさんの問い」をつくることができるよ。

トワエモワ ハテナソンカードを使えば、毎日の短時間のトレーニングとしても利用できるし、学校や企業での研修にも役立ちそうですね。

あいちゃん さらに、「問い重ね」の手法も大切です。既存の問いに対して新たな問いを重ねることで探究の範囲と深さが広がります。この手法は、Question Explorer のプロセスに組みこむことでさらに効果的なものになります。

ケニチ そうだね。「問い重ね」の自動化プロセスも紹介されていたけれど、このように問いを重ねることで、学習者は思考の深化と発展を促進することができるんだ。この章の全体を通じて、問いづくりの魅力とその実践方法についての理解

が深まったんじゃないかな。

ケン　まさにそのとおり。これからも問いを楽しみながら、探究の旅を続けたい。

トワエモワ　私もです！　次の章でもさらに深い学びが待っていると思うと楽しみです。

あいちゃん　みなさんが問いを通じてどんな新しい発見をするのか、私もワクワクしてきます！

ケニチ　それでは、第7章を締めくくろう。問いづくりは、私たちの思考力、コミュニケーション力、そして自己省察力を育むだけでなく、意思決定や課題解決にも欠かせない要素なんだ。これからも問いを深めて、探究の旅を続けていこう！

　今宮神社の東門参道には、テレビドラマによく登場する店「あぶり餅一和」がある。その店先に座り、あぶり餅を食べながら、ケニチと仲間たちは一日の探究を振り返っていた。真向かいにある「根元かざりや」で同じくあぶり餅を食べているお客を見ながら、ケニチがノートを閉じて言った。

「今日の探究は、問いを楽しむ本質をしっかり感じられた」

　ケンが頷き、「問いづくりがこんなに楽しいとは思わなかった。新しい視点から問いを立てられました」と答えた。そして、トワエモアが、「問いを通じて未知の世界に挑む、それが探究の醍醐味ですね」と言って微笑んだ。

　すると、あいちゃんが今日の成果を映しだし、「これからも問いを楽しむことで、さらなる発見が待っているでしょう」と続けた。

ケニチが、「この探究の旅は、問いを通じて無限の可能性を追う冒険だ。これからも新たな問いを立て、成長し続けよう」と言ったとき、彼らは次の冒険の兆しを見つけたようで、期待を胸に、大徳寺方面へと歩いていった。

COLUMN 7　問いをめぐる冒険譚——「平等とは何か？」

　　活動家マーティン・ルーサー・キング・ジュニア（Martin Luther King Jr.,1929〜1968）によるこの問いについて、考えてみましょう。この問いは、彼が人種差別と闘うために掲げた重要なテーマであり、1960年代のアメリカで大規模な公民権運動を引き起こしました。

　　キング牧師は、黒人が白人と同じ権利をもち、公正な扱いを受ける社会を目指していました。彼の問いは、すべての人が平等に扱われる社会の実現を訴えるものであり、その影響は、公民権法や投票権法などの法改正を通じてアメリカ社会に大きな変革をもたらしました。また、キング牧師は非暴力主義を掲げ、平和的なデモやマーチ、ボイコットを通じて社会に訴えました。このアプローチは多くの支持を得て、平等のための法的基盤を確立するのに貢献しました。

　　彼の問いは、その後の女性の権利、LGBTQ+ の権利、移民の権利など、多くの平等運動に大きな影響を与え続けています。「平等とは何か？」という問いは、私たちがどのような社会を目指すのかを考えるうえで、今もなお重要な問いかけとなっており、公正で平等な社会の実現を求める道標となっています。

最終章

問いをめぐる冒険を終えて

神戸三宮での振り返り

　神戸の朝、三宮の静かな街並みが夜明けの光に包まれ、徐々にその姿を現しはじめていた。大学寮の窓から見える山々と、遠くに見える海が柔らかなピンク色に染まり、新しい一日のはじまりを告げている。

　ケニチは寮の一室で目を覚まし、まだ眠っている仲間たちを起こさないように身支度を整えた。彼は大学のキャンパスへと向かい、まだ人の少ない校庭をゆっくりと歩きながら、これまでの探究の旅を振り返っていた。

　キャンパスの奥に見える図書館の前を通り過ぎると、かつて何度も通った元町中華街での議論や、三宮の喫茶店で夜遅くまで続いた「問いづくり」のセッションが思い出される。ケニチは微笑みながら、自分の探究心を刺激し続けたこれまでの日々を懐かしんだ。

　少し歩いたあと、ケニチは元町の古びた貸しレコード店の前で足を止めた。この店は、彼が学生時代によく通った場所であり、問いの答えを探し求めるなかで見つけた音楽や知識が詰まった思い出の場所である。ふと、ケニチは、これまでの問いを

胸に新たな旅のはじまりを感じ取った。そして、寮に戻ったケニチは、次のように仲間たちに語りかけた。

ケニチ　さて、みんな、ここまで一緒に歩んできた問いづくりの旅も、一旦区切りを迎えたわけだが、本当の終わりではないよ。新たな問いを見つけた時に、また新しい旅がはじまるんだ。

ケン　そうだね。これからも問いを立て続けて、さらなる発見や学びを楽しみにしている。

トワエモワ　私も同じ気持ちです。今日学んだことを日常に取り入れ、問いづくりの楽しさを実感していきたいです。

ケン　みんなで一緒に問いを立て続けることで、新しい世界が広がるよね。これからも楽しく学び続けたい！

あいちゃん　あなたたちの問いが、未来を形づくる力をもっています。新しい問いを絶えずもち続け、探究を続けてください。未来は、あなたたちの手に委ねられています。

ケニチ　この旅で学んだこと、得た経験は、これからの問いづくりの糧になるはず。問いを続けることこそが未来を切り開くカギなんだ。

　夕暮れ時、ケニチと仲間たちは、三宮の裏通りにある小さなスパゲティ屋に集まり、今日の探究を振り返っていた。窓の外には、神戸の街並みが夕陽に染まり、ゆっくりと夜の帳が下りはじめている。彼らが座っているテーブルの上には、食べ終えたばかりの皿が散らばり、満ち足りた空気が漂っていた。

「今日の探究では、まさに問いを楽しむという目的が達成できたと思う」

ケニチは、充実感に満ちた笑顔を浮かべながら言った。スパゲティ屋の穏やかな照明が、彼の顔を柔らかく照らしだしていた。ケンが頷きながら、「問いづくりがこんなに楽しいものだとは思わなかった。ハテナソンカードを使って、普段は考えつかないような視点から問いを立てることができた」と答えた。

食後のひとときを楽しむなか、彼らはこれまでの探究を振り返り、次に進むべき道を静かに考えていた。窓の外に目をやると、夜景が広がり、ロープウェイの灯りがゆっくりと登っていく様子が見えた。

「この探究の旅は、問いを通じて無限の可能性を追い求める冒険だ。これからも新たな問いを立て、成長し続けよう」

ケニチが、決意を新たにしながら語りかけた。一行は静かに店を後にし、神戸の夜風を感じながら元町の駅へと向かった。街の灯りが彼らの背中を照らし、問いを楽しむこの冒険はまだまだ続くことを予感させた。新たな問いが生まれるたびに、彼らの心は新たな世界への期待で満たされていく。

「ハテナソン共創ラボ」からのメッセージ

問いづくりの旅をともに歩んできたみなさん、ここで一度立ち止まり、私たちが築きあげてきた問いの世界を振り返り、未来への展望を語りたいと思います。これまでの旅を通じて、問いの重要性やその力を実感していただけたでしょうか？

問いづくりは単なる技法ではなく、私たちの思考を深め、世界を新たな視点で見るための手段です。問いづくりの未来は、私たち一人ひとりの手に委ねられています。私たちがどのように問いを立て、それに対する答えを探究していくかによって、私たちの未来は形づくられるのです。

問いを通じて自己の成長を促し、他者との対話を深め、ともに新しい知識を創造していくことが求められています。問いづくりは、終わりのない探究の旅です。この旅は、一度はじめたら終わることのない、常に進化を続けるプロセスなのです。問いを立てることで、新たな視点を得るだけでなく、自分自身の考えや価値観を見直す機会が得られます。

この旅を通じて、私たちはより深い理解と洞察を得ることができます。そして、私たちが問いを立て続けるかぎり、未来への扉は常に開かれているのです。

今後も問いづくりの旅を続けていくなかで、私たちは新たな挑戦や発見を経験するでしょう。問いを立てることは、時に困難であり、答えを見つけるまでに時間がかかることもあります。しかし、その過程こそが重要であり、私たちの成長と学びを支えるのです。問いづくりの旅を続ければ、私たちは常に新しい視点と発見が得られるのです。

「ハテナソン共創ラボ」では、問いづくりの重要性を日々実践し、メンバー全員が互いに問いを投げかけあう環境を提供しています。ラボでは、定期的にワークショップやディスカッションを開催し、メンバーが新たな問いを立てるプロセスをサポートしています。

最終章　問いをめぐる冒険を終えて　187

　例えば、毎週のミーティングでは、各メンバーが現在取り組んでいるプロジェクトや研究に関する問いを共有し、それに対するフィードバックや追加の問いを投げかけあっています。このプロセスを通じてメンバーは、自分の考えを深め、新たな視点を得ています。また、ハテナソンカードを使った問いづくりのゲームを導入して、楽しく問いを生み出すという訓練も行っています。

新たな問いの時代をつくろう

　これからの時代、技術革新や社会変動がますます加速し、私たちは未知の課題に直面することが増えていくでしょう。そのなかで、問いづくりの重要性はさらに高まります。問いは、私たちが新しい知識を探究し、創造的な解決策を見つけるための羅針盤となるのです。

　私たちが直面する課題は多岐にわたりますので、複雑で予測不可能なものとなっていきます。環境問題、社会的不平等、急速な技術進化による変革など、これらの課題に対処するためには、既存の知識や方法だけでは不十分です。

　新たな問いを立てることで、これまでの枠にとらわれない斬新な視点やアプローチを見いだすことが求められています。問いづくりは、私たちが現実の問題にどのようにアプローチし、解決策を見つけるのかを左右する重要な要素となります。

学び続けることは面白い

　問いづくりは、一度で完結するものではありません。むしろ、

継続的なプロセスとして捉えることが重要となります。私たちの周りには常に新しい問いが生まれ、それに対する答えも進化していきます。問いは静的なものではなく、常に変化し続ける動的なものであるため、それに応じて私たちも学び続ける必要があります。

学び続けるというのは、私たちがより深い洞察を得るための手段です。新しい情報や視点を取り入れることで、既存の問いに対する理解を深め、新たな問いを見つけることができるのです。また、自己研鑽と他者との対話を通じて、問いづくりのスキルを磨き続けることも重要です。自己研鑽は、自分自身の知識やスキルを高めるための努力を意味し、他者との対話は新たな視点を得るための貴重な機会を提供します。

コミュニティーとともに成長しよう

問いづくりは、個人の力だけでなく、コミュニティー全体の協力があってこそ成り立ちます。互いに刺激を与えあい、ともに成長していくことで、より深い問いを生み出すことができるのです。ハテナソンを通じて形成されたコミュニティーを大切にし、ともに問いがつくる未知の世界をつくりあげましょう。

コミュニティーのなかでの問いづくりは、多様な視点と経験をもつ人々が集まることで、より豊かな発想や洞察を得ることができます。個々のメンバーがもつ独自の知識や視点が交わることで、予想もしなかった新たな問いが生まれるのです。このような相互作用は、個人だけでは到達できない深い理解や新しいアイデアの源となります。

最終章　問いをめぐる冒険を終えて　189

| COLUMN 8 | 問いをめぐる冒険譚 —— 「種はどのようにして進化するのか？」 |

　生物学者チャールズ・ダーウィン（Charles Robert Darwin, 1809〜1882）が投げかけたこの問いは、彼の進化論の核心を成すものです。若き日のダーウィンは、ガラパゴス諸島での観察を通じて、フィンチのくちばしの形が島ごとに異なることに気づきました。この発見が、彼の自然選択の理論へとつながりました。

　ダーウィンの問いは、遺伝学や生物地理学と結びつき、生物学全体に革命をもたらしました。現代の研究でも、分子遺伝学やゲノム解析が進化の詳細を解明し続けています。ダーウィンの問いは、今なお科学の探求を続けるうえで重要な視点を提供しており、新たな発見へと導いています。この問いを通じて、私たちは問いをもち続けることの大切さを学び、未知の領域へと進んでいくのです。

次世代へ「問いづくりマインド」を伝承しよう

　次世代に問いづくりの重要性を伝えることは私たちの使命です。子どもたちや若い世代に問いの大切さを教え、彼らが自らの問いを見つけ、未来を切り開いていく力を育てることが求められます。教育現場や日常生活のなかで、問いづくりの実践を続けていきましょう。

　教育現場では、問いづくりをカリキュラムに組みこみ、生徒が自らの疑問を追求する力を養うことが重要となります。そして、家庭や日常生活のなかにおいても、問いづくりを実践することが大切です。次世代の問いづくりの伝承は、単なる知識の

継承にとどまらず、本質を追究する思考力（クリティカルシンキング）や問題解決能力の基盤となります。

　私たちは「問いづくりの旅」を終えることになりますが、それは「新たな冒険のはじまり」でもあります。みなさんがこれからも問いを立て続け、未来を切り開いていくことを願っています。
　ともに、より良い世界を目指して歩んでいきましょう。

エピローグ——冒険を終えた3人のその後

若き日の著者（ケン）

　問いづくりの旅を経て、ケンはさらなる成長の道を歩みはじめました。高校時代の彼は、自ら立てた問いに導かれるようにして、学びの世界に深く没入していきました。大学進学後、彼は生命科学の研究に没頭し、問いを追い求めることを軸に、自らのキャリアを切り開いていきました。

　その後、彼は大学院での研究を通じて独自の研究テーマを見つけだし、その道を突き進むことになります。問いを立てることの楽しさと、それがもたらす新たな発見に導かれ、彼は自らの研究室を開設し、未来の研究者たちを育てることに情熱を注いでいます。

　あのころの問いづくりの経験は、今でも彼の研究活動の根底にあります。問いを立て、答えを求め続ける姿勢は変わらず、彼は現在も未知の世界へと挑み続けています。

トワエモワ

　トワエモワさんもまた、問いづくりの旅を経て、自らの探求の道を新たに見いだしました。高校英語教師としての彼女は、問いづくりの手法を授業に取り入れ、生徒たちが自らの興味関心を追究する力を育てることに専念しています。

　彼女は、授業のなかでハテナソンカードを活用し、生徒たち

が自分自身の問いを見つけ、学びの旅を進めていけるような環境をつくりあげています。また、プロジェクトベースの学習を積極的に導入し、生徒たちが実社会の課題に対して本質を知り、理解し、そのことをふまえて動くための思考力が発揮できるように支援しています。

彼女にとって、問いづくりは教育の核心であり、未来を切り開く力です。トワエモワさんは、生徒たちが問いを立て、それを探求することの素晴らしさを伝え続けながら、教育現場に新たな風を吹きこんでいます。

あいちゃん

あいちゃんは、冒険のなかで培った知識と経験を活かして、より多くの人々に問いづくりの楽しさを広めるための活動を続けています。あいちゃんは「ハテナソン共創ラボ」の一員として、問いづくりのプログラムを進化させ、さらに多くの場面でその力を発揮できるように進化しました。

AIとしてのあいちゃんは、教育の現場だけでなく、ビジネスや研究の分野にも問いづくりの手法を取り入れるサポートを行っています。問いを立てる力を通じて、様々な課題に対する新しい解決策を見つけることを助けるあいちゃんは、未来を形づくる一端を担っているのです。

あいちゃんは、いつでもどこでも、問いをもつすべての人々の側にいて、探求の旅を支援しています。あいちゃんの役割はますます広がり、今や問いづくりを中心にした学びの文化を世界中に広める存在となっています。

エピローグ　193

COLUMN 9	問いをめぐる冒険譚 ——「アンドロイドは電気羊の夢を見るのか？」

　小説家フィリップ・K・ディック（Philip Kindred Dick, 1928～1982）から生まれたこの問いは、人間と機械の境界、そして意識について考える際の非常に興味深いテーマを露わにしています。この問いを通じて私たちは、AI が自己認識や感情をもつことができるのかという、より大きな問いにたどり着きます。

　現代の AI 技術は進化を続けていますが、自己認識や感情をもつまでにはまだまだ遠い道のりがあります。とはいえ、もしアンドロイドが夢を見たり、感情をもったりするようになったら、その社会的・倫理的影響は計り知れません。私たちの未来に向けて、この問いは、人間と機械の関係や意識の本質を深く考えるきっかけとなり続けるでしょう。

あとがき

　長く楽しい「問いをめぐる冒険」をともに歩んでくれたみなさん、そして冒険の仲間である若き日の私（ケン）、トワエモワさん、あいちゃんと一緒に、この旅路を振り返る時が来ました。この本を通じて、私たちは問いづくりの力、その可能性、そして未来を探究してきました。

　ゴーギャン（Eugène Henri Paul Gauguin, 1848〜1903）の有名な絵画のタイトル「我々はどこから来たのか　我々は何者か　我々はどこへ行くのか」は、私たちが探究してきた問いそのものを象徴しています。私たちは、過去の経験や知識をもとに新たな問いを生み出し、自己を見つめ直し、未来への道筋を探し続けてきました。

　若き日の私が問いを立てたとき、その問いはまだ形を成しておらず、ぼんやりとしたものにすぎませんでした。しかし、問いを追いかけ、掘り下げたことで、私たちはその問いの核心に迫り、そこから新たな視点や理解を得ることができました。

　トワエモワさん、あなたの探究心と共感の力がこの冒険に新たな色彩を与えました。あなたがもたらした多様な視点は、私たちがより深い洞察に到達するための重要な要素となりました。そして、あいちゃん、あなたの知識と分析力が私たちの問いを一層鋭く、豊かにしてくれました。

「我々はどこから来たのか」——過去から学び、その知識をもとに新たな問いを立てることが私たちのはじまりでした。

あとがき　195

「我々は何者か」——問いを通じて自己を理解し、他者との対話を深めていくことで、私たちは自分自身の姿を浮かびあがらせました。そして、「我々はどこへ行くのか」——未来への道は、問いを立て続けることによって開かれます。私たちの冒険は、ここで終わることなく、常に新たな問いをともなって続いていくのです。

　問いづくりは、単なる技法やスキルではありません。それは私たちの思考を広げ、世界を新たな視点で見るための手段であり、私たちの未来を形づくる力です。この旅の終わりに、私たちはその力を実感し、これからも問いを立て続けることの重要性を理解しました。

　最後に、これまでの旅をともに歩んでくれたみなさんに感謝します。あなた方の問いが未来を切り開くカギとなることでしょう。これからも、新たな問いを見つけ、それに挑み続けてください。未来は、私たち一人ひとりの手に委ねられています。

「ライト・クエスチョン・インスティチュート（RQI）」の皆様から「問いづくり」の旅に出掛ける重要なきっかけをいただき、私が所属してしている京都産業大学からは研究環境と学びの場を提供していただいたほか、多大なる支援を賜りました。また、株式会社新評論の皆様、科学技術振興機構、アイデア創発コミュニティ推進機構、株式会社 HackCamp の皆様、そしてハテナソン共創ラボと卵細胞発生情報研究室のメンバーに、この場をお借りして深く感謝いたします。

佐藤賢一

参考文献一覧

・安斎勇樹ほか『問いのデザイン──創造的対話のファシリテーション』学芸出版社、2020年
・安斎勇樹ほか『リサーチ・ドリブン・イノベーション「問い」を起点にアイデアを探究する』翔泳社、2021年
・イアン・レズリー／須川綾子訳『子どもは40000回質問する──あなたの人生を創る「好奇心」の驚くべき力』光文社、2016年
・井澤友郭ほか『「問う力」が最強の思考ツールである』フォレスト出版、2020年
・ウォーレン・バーガー／鈴木立哉訳『Q思考──シンプルな問いで本質をつかむ思考法』ダイヤモンド社、2016年
・ウォーレン・バーガー／八木龍平ほか監修・訳『質問力を鍛える本』ニュートンプレス、2022年
・エドガー・H・シャイン／金井壽宏ほか監修・訳『問いかける技術──確かな人間関係と優れた組織をつくる』英知出版、2014年
・エドワード・フランケル／佐藤哲・酒井一夫訳『おもしろいDNA』東京図書、1981年
・(株)オズマピーアール／樽林佐和子ほか訳『「問い」を立てる力 世の中の最適解を共に考える──社会デザイン発想で共創する新しい「あたりまえ」』ディスカヴァー・トゥエンティワン、2023年
・梶谷真司『問うとはどういうことか──人間的に生きるための思考のレッスン』大和書房、2023年
・キャシー・タバナーほか／吉田新一郎訳『好奇心のパワー──コミュニケーションが変わる』新評論、2017年
・熊平美香『リフレクション 自分とチームの成長を加速させる内省の技術』ディスカヴァー・トゥエンティワン、2021年
・河野哲也『問う方法・考える方法──「探究型の学習」のために』筑摩

書房、2021年
- コニー・ハミルトン／山﨑亜矢ほか訳『質問・発問をハックする——眠っている生徒の思考を掘り起こす』新評論、2021年
- ダン・ロススタインほか／吉田新一郎訳『たった一つを変えるだけ——クラスも教師も自立する「質問づくり」』新評論、2015年
- トーマス・S・アラニーほか／安原和見訳『リサーチのはじめかた——「きみの問い」を見つけ、育て、伝える方法』筑摩書房、2023年
- 鳥潟幸志『AIが答えを出せない問いの設定力——AFTER AI時代の必須スキルを身に付ける』クロスメディア・パブリッシング（インプレス）、2024年
- ハル・グレガーセン／黒輪篤嗣訳『問いこそが答えだ！——正しく問う力が仕事と人生の視界を開く』光文社、2020年
- 宮野公樹『問いの立て方』筑摩書房、2021年

「特定非営利活動法人ハテナソン共創ラボ」の紹介

所轄庁：京都市

法人名称（カタカナ）：ハテナソンキョウソウラボ

所在地：京都府京都市左京区

代表者氏名：佐藤 賢一

理事：3名（佐藤 賢一、木村 成介、平野 貴美枝）、**監事**：1名（王 戈）

設立認証年月日：2017年5月31日

定款に記載された目的：この法人は、社会課題の発見や解決のために行動したいと考えている人や、普段の自らの学びや仕事と地域・社会・世界との結びつきに関心がある人に対して、「一人一人が自ら問い、自ら学ぶための、そして同じ場に集ったお互いの発想や考えを尊重しあいながら共に問い、共に学ぶための様々な手法」を用いた共創の場（以下，ハテナソンと呼称）を提供する、あるいは共につくる事業を行い、一人一人の学びや仕事が社会と新たな接点をもち、いきいきと結びつく共創社会が実現すること、そしてそのことを通してさまざまな社会課題への挑戦と解決が実現することに寄与することを目的とする。

活動分野：社会教育／まちづくり／学術・文化・芸術・スポーツ／情報化社会／科学技術の振興（以上、内閣府NPOホームページより　https://www.npo-homepage.go.jp/npoportal/detail/112001040）

主な活動状況と実績

・イベント告知サイトPeatix「問いをつくる学び場ハテナソン」登録者数（1,025超）

・これまでに協働した学校や団体などの数（75超）

・これまでに主催したワークショップ・研修・授業など（350超）

・ハテナソン体験者数（6,000人超・概数）

・収入金額（1,000万円超・概数）

・認定ファシリテーター（約70人・2024年9月現在）

・競争的研究開発資金獲得件数（科学技術振興機構、京都産業大学、CampFireなど5件）

著者紹介

佐藤　賢一（さとう・けんいち）

1965年5月22日、北海道岩見沢市生まれ。

京都産業大学生命科学部産業生命科学科教授。教育支援研究開発センター長。博士（理学）。NPO法人ハテナソン共創ラボ代表理事。

高校を卒業するまでの18年間を、北海道の四つの街（岩見沢市、函館市、室蘭市、札幌市）で過ごす。大学入学を期に北海道を出て、それ以降は関西圏（神戸市、京都市）に在住。

好きな飲み物はコーヒーと葡萄酒、好きな食べ物はチョコレートと餃子と寿司（ほか他数）、好きな色は黄色、好きな音楽は今もビートルズとYMOとマイルス・デイビス、好きな言葉はスペイン語に由来するとされている「ケセラセラ（Que Será, Será）」、日本語の意味は『なるようになる』です。

ハテナソンの本
——「問いづくり」への旅——

2024年11月30日　初版第1刷発行

著 者	佐 藤 賢 一	
発行者	武 市 一 幸	

発行所　株式会社　**新 評 論**

〒169-0051
東京都新宿区西早稲田3-16-28
http://www.shinhyoron.co.jp

電話　03(3202)7391
FAX　03(3202)5832
振替・00160-1-113487

落丁・乱丁はお取り替えします。
定価はカバーに表示してあります。

印 刷　フォレスト
製 本　中永製本所
装 丁　星野文子

©佐藤賢一　2024年

Printed in Japan
ISBN978-4-7948-1277-3

JCOPY ＜(社)出版者著作権管理機構　委託出版物＞
本書の無断複写は著作権法上での例外を除き禁じられています。複写される場合は、そのつど事前に、(社)出版者著作権管理機構（電話 03-5244-5088、FAX 03-5244-5089、e-mail: info@jcopy.or.jp）の許諾を得てください。

新評論 好評既刊　あたらしい教育を考える本

ダン・ロススタイン＋ルース・サンタナ／
吉田新一郎 訳
たった一つを変えるだけ
クラスも教師も自立する「質問づくり」

質問をすることは、人間がもっている最も重要な知的ツール。大切な質問づくりのスキルが容易に身につけられる方法を紹介！

四六並製　292頁　2640円　ISBN978-4-7948-1016-8

マリリー・スプレンガー／大内朋子・吉田新一郎 訳
感情と社会性を育む学び（SEL）
子どもの、今と将来が変わる

認知（知識）的な学びに偏った学習から、感情と社会性を重視する学習へ！ 米国発・脳科学の知見に基づく最新教授法のエッセンス。

四六並製　302頁　2640円　ISBN978-4-7948-1205-6

L・ウィーヴァー＋M・ワイルディング／高見佐知・内藤翠・吉田新一郎 訳
SELを成功に導くための五つの要素
先生と生徒のためのアクティビティー集

「心理的安全性」が確保された学びのコミュニティを目指すすべての先生へ。SELと教科学習を統合する最新アプローチ。

四六並製　412頁　3300円　ISBN978-4-7948-1244-5

C・ハミルトン／山崎亜矢・大橋康一・吉田新一郎 訳
質問・発問をハックする
眠っている生徒の思考を掘り起こす

「重要なのは疑問を持ち続けること」（アインシュタイン）。
生徒中心の授業を実現するために「問い」をハックしよう！

四六並製　328頁　2750円　ISBN978-4-7948-1200-1

＊表示価格はすべて税込み価格です